イザヤ書を読もう 上

ここに私がおります

大島 力

OSHIMA, Chikara

日本キリスト教団出版局

イザヤ書のメッセージ――メシアとその共同体

上下巻の二冊でイザヤ書全66章をご一緒に読んでいきます。まず、はじめにイザヤ書が全体として語るメッセージを聞き取りましょう。

イザヤ書は、旧約聖書諸文書の中でも愛読されてきている書物の一つです。古代キリスト教会においては「第五の福音書」として、新約聖書の四つの福音書と並んで親しまれていたと言われています。それは、四つの福音書が「イエスと信仰共同体」を巡る問題を扱っているのと同様に、イザヤ書は「メシアとその共同体」の在り方について多様な視点から描かれ示唆を与えているからであると思います。

イザヤ書は大きく三部構成になっています。第一イザヤ書（1～39章）、第二イザヤ書（40～55章）、第三イザヤ書（56～66章）です。それぞれ書き記された時代背景が異なり、また内容も多岐に亘っています。しかし、いずれの部分においても、その時代における「メシア」とその「共同体」の在り方について叙述されています。

第一イザヤ書の場合は、「メシア的王の待望」と「イスラエルの民」というテーマが扱われています。預言者イザヤにとって神は「王である万軍の主」（6・5）でありました。その観点から、実際にイスラエルの政治を行う王たちの背信や過ちが幾度となく指摘されています。現実の王の姿とその政治外交の誤りと向き合い、近い将来に到来する「メシア的王」を待望する方向性が示されています（7章「インマヌエル預言」、9章「終わりなき平和の預言」、11章「エッサイの切り株の預言」）。

第二イザヤ書には、バビロン捕囚期を背景として四つの「主の僕《しもべ》の詩」が記されています（42・1〜4、49・1〜6、50・4〜9、52・13〜53・12）。この詩は、預言者第二イザヤの生涯を核として綴られたものであると考えますが、特に最後の「苦難の僕の詩」は、僕の苦難と死が「代理贖罪」の意味をもつことを強調しています（53・11「私の正しき僕は多くの人を義とし　彼らの過ちを自ら背負う」）。この「苦難の僕」の姿は、後に「イエスの苦難と死」の意味を受け止める「メシア預言」として決定的な影響を初代教会に与えることになります。

最後の第三イザヤ書には、その「苦難の僕の詩」を含めた「主の僕の詩」を引き継いで、「主の僕たち（複数）」というテーマが展開されています。この「主の僕たち」という言葉は56〜66章の中で、重要な箇所に登場しています。「主の僕たち」はバビロン捕囚後の教団の中で「敵」と対峙しています。「敵」の立場は、神殿再建を中心に、捕囚後のユダヤ教団を再建しようとするものです。「異民族との遮断」（エズラ記9章、ネヘミヤ記9章）と神殿再建を通して、自らのアイデンティティを確立しようとする人々です。それに対して「主の僕たち」は、異民族も「主なる神」に帰依するならば共同体に加えられると考えた人々です。第三イザヤ書冒頭の56章において異邦人も「主の僕たち」とされ（56・6）、また末尾の66章では神の手は「その僕たち」に知られ（66・14）、異邦人からも「祭司やレビ人」が選ばれると記されています（66・21）。従って「主の僕たちの共同体」は、ユダヤ主義を乗り越えて「ユダヤ人も異邦人も」という新約聖書に至る道を切り拓いていると言えるでしょう。

イザヤ書は「メシア的王の到来」を告げ、バビロン捕囚の経験を通して「苦難の僕」による贖罪信仰に至り、捕囚後のユダヤ教団の中では民族性を超えた普遍主義に開かれていく「メシアとその共同体」の姿を指し示しています。

このダイナミックな動きの中にあるイザヤ書は、「イエスをキリスト（メシア）と告白する信仰共同体」にとって、現在もなお読み継がれていく重要な書物です。

目　次

目次

本書の聖書引用は、基本的に『聖書　聖書協会共同訳』（日本聖書協会）に準拠しています。

装丁原案・桂川　潤
装丁・デザインコンビビア

イザヤ書全体の概要

イザヤ書は66章から成る預言書です。1章1節の表題には、「アモツの子イザヤが、ユダとエルサレムについて見た幻」と記されています。紀元前八世紀後半に預言者として活動したイザヤの預言の言葉が収められています。

しかし、66章すべてがイザヤに由来するものではありません。1～39章にはイザヤの活動時期に位置づけられる言葉が多く認められます。この部分を「第一イザヤ書」と呼んでいます。また、紀元前六世紀のバビロン捕囚の末期に位置づけられる40～55章は「第二イザヤ書」と呼ばれています。その時期にバビロンで活動した匿名の預言者（「第二イザヤ」）による詩文がかなりまとまった形で収録されているからです。そして、さらに56～66章は「第三イザヤ書」とされています。その中心にはバビロン捕囚後のエルサレムで活動した「第三イザヤ」と呼ばれる預言者の詩文がまとめられています

（60～62章）。しかし、その他の部分は多様な時代を背景とする文章から成っています。イザヤ書が現在の最終的な形態となる時期（紀元前四～三世紀）に由来するテキストも含まれています。

以上のようにイザヤ書は「三部構成」になっています。

もちろん、最初の「第一イザヤ書」が起点となってこの書物が書かれ始めたことは間違いありません。預言者イザヤの活動は紀元前七三六年に始まったと思われます（ウジヤ王の死、6・1）。イザヤのいわゆる「イザヤの召命」記事の最初に記されています。その活動は、当時の南王国ユダの内政問題（「正義と公正」の欠如）から始まり、歴代の王の外交政策にまで及んでいます。およそ四〇年間イザヤは活動を継続し、最後の活動は紀元前七〇一年にアッシリアによってエルサレムが攻囲されるという出来事と関係しています。奇跡的にエルサレム攻囲は解かれましたが、それを「神の恵み」として受け止め、神に立ち帰るように促すイザヤに対して、エルサレムの人々は享楽的・刹那的な態度に終始したと思われます（1・7～9、22・12～14）。

このアッシリアによるエルサレム攻囲の出来事を散文の形で記しているのが、イザヤ書36～39章です。これは列王記下18章13節～20章19節と基本的に同じ記述ですが、おそらくは列王記からの引用です。この部分は一般に「イザヤ・ヒゼキヤ物語」と言われています。そして列王記から第一イザヤ書への歴史的付記とされてきました。しかし、それは第一イザヤ書の単なる付記ではなく、続く40章以下の「第二イザヤ書」の叙述を準備し、固有のメッセージを発信しているイザヤ書全体の中の不可欠な部分です。

さて、40章以下は「『慰めよ、慰めよ、私の民を』と、あなたがたの神は言われる」という言葉で始まっています。この慰めの言葉が、紀元前六世紀のバビロン捕囚の中で苦しんでいた捕囚民に語られたものであることは確かです。なぜなら、40～55章は文体的にも内容的にも39章以前とは異なり、イスラエルの民の捕囚状況を歴史的背景とする時に、もっともよく理解できるからです。そこにはイスラエルの王は登場しません。登場する王は、バビロン捕囚からイスラエルの民を政治的に解放したペルシャの王キュロスです（44・28～45・1）。ここでキュロスは「主に油を注がれた人」と呼ばれています。「油を注がれた者」（マシーアハ）とは、後にメシアを意味する言葉となるので、驚くべき発言です。また、「主の僕の詩」と言われる一連の詩が、第二イザヤ書の前半に一回（42・1～4）、また捕囚からの解放直後を背景とする後半49～55章に三回（49・1～6、50・4～9、52・13～53・12）記されています。これらの詩文はおそらく第二イザヤの生涯を核として生み出されたものであり、とりわけ「苦難の僕の詩」（52・13～53・12）は第二イザヤ書の最も深い部分として、後代に大きな影響を与えています。

他方、イザヤ書56～66章は、40～55章と文体的には類似していますが、しかし、そこで問題となっていることは「神殿再建」と「エルサレムの町の復興」です。例えば「あなたの地で暴虐を　あなたの国境《くにざかい》の内で破壊と破滅を　二度と耳にすることはない。あなたはその城壁を『救い』と　その門を『賛美』と呼ぶ」（60・18）と記されています。これはバビロン捕囚から帰還した人々を強く励ます言葉であったでしょう。また、56章1～8節と66章18～24節は、「第三イザヤ書」の枠であり、共に「私の聖なる山」というイメージがあり、内容的にも宦官《かんがん》や異邦人を排除しない普遍主義的傾向が認められます。

最後にイザヤ書冒頭の表題に帰りましょう。「アモツの子イザヤが、ユダとエルサレムについて見た幻。ウジヤ、ヨタム、アハズ、ヒゼキヤがユダの王であった時代のことである」と記されています。これはイザヤ書1～39章の表題として歴史的に正当なものであるとしても、40～66章を含めた書物全体の表題としては正確ではありません。そこで、最近では、イザヤ書は「イザヤが見た幻」ではなく、「イザヤの幻とされた書物」が私たちの前に存在しているという認識が適切であるとされています。

イザヤ書1～39章の構成と概要

1～39章の構成を記して、第一イザヤ書の概要を見てみたいと思います。

〈1～12章〉

表題　1章1節

冒頭にイザヤ書全体の表題があります。これは紀元前八世紀のイザヤが示された幻とも理解されますが、1～66章全体の表題としての役割を担っています。

序曲Ⅰ　1章2節～2章5節

次に1章2節～2章5節が第一の序曲として記されています。多くのテキストはイザヤに由来し、「イザヤの使信の要約」とも言われます。内容はエルサレムとユダに対する裁きの言葉です。ただし、1章29～31節は、その背後にある宗教状況（シンクレティズム）が66章の歴史的背景と近似しており、捕囚後に由来するテキストです。他方、2章1～5節は1章の文脈を前提とし、新たにされた「エルサレム」（シオン）に諸国民が集まり、平和への道を見出すというヴィジョンが語られています。

序曲Ⅱ　2章6節～4章6節

2章には「ヤコブの家」、具体的にはユダの民の高慢への批判が記されています。「レバノン杉」「堅固な城壁」「タルシシュの船」という繁栄の象徴が、人々の神への高慢として示されます。

続く3章1～15節では、エルサレムとユダにおける指導者不在によるアナーキーな状況が繰り返し描写され、神による威嚇と裁きが告げられます。他方、3章16節～4章1節では前段の男性の指導者に対応して、女性の指導者（シオンの娘たち）への批判が具体的に語られます。すなわち、男女を問わずエルサレムのすべての指導者は、町の混乱と無秩序に責任を負っていることが示されています。

それに対して、4章2節以下では「その日には」という言葉に始まり「シオンに残った者」と「イスラエルに残された者」の救いについて述べられています。この部分はバビロン捕囚以降に由来するものですが、イザヤ書の全体構成に重要な意味をもっています。すなわち、3章1節〜4章1節の厳しい裁きの後に、神による救いと回復があるという1〜12章の構成原理を示しているのです。

「イザヤの回顧録」を囲むプロローグとエピローグ　5章1節〜10章4節

この部分の構成に関しては、現在の最終形態に至るまで、かなり緻密な編集作業がなされたと考えられます。「イザヤの回顧録」（6・1〜8・18）と言われる部分を中心として、プロローグ（「ぶどう畑の歌」）とエピローグ（「終わりなき平和の預言」）が置かれ、その中に「災いあれ」（A）で始まる裁きの言葉が記されています。それらはエルサレムとユダ王国の内政問題を扱っています。社会において「公正と正義」が蔑《ないがし》ろにされているという告発です。続いてそのさらに内側に「それでもなお、主の怒りは去らず　その手は伸ばされたままだ」という文言が繰り返されるリフレイン詩（B）が配置されています。これらは北王国と南王国に対する裁きの言葉です。

その二重の囲い込みの中心にあるのが、「イザヤの回顧録」と呼ばれる重要部分です。6章は一人称、7章は三人称、8章は一人称で記されており、イザヤの預言者活動の始まりとその展開がよく分かります。この部分は以下のように図示できるでしょう。

「プロローグ」5章1〜7節（「ぶどう畑の歌」）

A 「災いあれ」 5章8〜24節

B 「主の怒りは去らず その手は伸ばされたままだ」 5章25節

「イザヤの回顧録」 6章・一人称、7章・三人称、8章・一人称

「エピローグ」 8章23節〜9章6節（「終わりなき平和の預言」）

B´ 「主の怒りは去らず その手は伸ばされたままだ」 9章7節〜10章4節

A´ 「災いあれ」 10章1〜4節

この文章構成の中で、特に「ぶどう畑の歌」は優れた詩文であり、エルサレムとユダに「公正と正義」が欠如していることを見事に指摘しています。それに対して「終わりなき平和の預言」は、新しい王の即位によって、失われた「公正と正義」がもたらされるということを告げています。

他方、この部分の中核にある「イザヤの回顧録」は、多くはイザヤ自身に由来するものですが、その文書の成立はイザヤの活動時期の後半、あるいはそれ以降だと思われます。

つまり、預言者イザヤの言葉は、おもに弟子たちによって伝承され記録されていったのです。その文書化の経緯は8章16節に記されています。「私は証しの書を束ね　教えを私の弟子たちのうちに封

じておこう」とイザヤ自身が述べています。

アッシリアに対する災いの叫びと「エッサイの切り株」　10章5節～11章16節

この部分は10章5～32節と10章33節～11章16節に分けられます。前者においては、北王国イスラエルの滅亡後も南王国ユダを脅かし続ける大国アッシリアに、神が裁きを告げています。それは「斧がそれを振るう者に向かって誇れるであろうか」（10・15）という知恵の言葉によって示されます。すなわちアッシリアの高慢が批判されています。

他方、その神の裁きはユダ王国にも及ぶことが記されます。「そびえ立つ木は切り倒され、高い木は低くされる」（10・33）。しかし、その後に残された「エッサイの切り株」からは「一つの芽が萌え出でる」と告げられています。すなわち、高慢になったダビデ王朝は裁かれるが、未来において新しい王が登場すると約束されているのです。

感謝の歌　救いの泉から水を汲む　12章1～6節

1～12章は、整った「感謝と賛美」の歌によって結ばれます。その語り手として想定されているのは預言者であり、預言者が語る「感謝の歌」を聞くエルサレムの人々は、それに呼応して神を賛美するように求められています。「あなたがたは喜びのうちに　救いの泉から水を汲む」（12・3）という、後の仮庵の祭りで朗読されるようになる救いへの招きの言葉が記されています。

〈13～39章〉

「バビロンについての託宣」に始まる十回の託宣集　13～23章

この部分には、諸民族、諸都市についての神の裁きが記されています。その対象は広範囲に及び、「バビロン」「ペリシテ」「モアブ」「ダマスコ」「エジプト」に対する裁きの言葉が収集されています（13～19章）。これらはいずれもユダ王国と対立関係にある国々です。

それに対して、「海の荒れ野についての託宣」（21・1）に始まる五回の託宣は、必ずしもその対象は明確ではありません。「海の荒れ野についての託宣」に関しては、内容から「バビロンの崩壊」（21・9）が描かれていることが分かります。他方「幻の谷についての託宣」に関しては、諸民族への託宣ではなく、エルサレムの人々への批判と裁きが語られています。ここで重要なことは、エルサレムも神の裁きの対象となっていることです。神は諸国民が「シオン」（エルサレム）を脅かす存在であることを認識しつつ、エルサレムの人々の背信行為を見逃さないのです。大国の脅威の中で「食べたり飲んだりしよう　どうせ明日は死ぬのだから」（22・13）という刹那的な状況に人々が陥っていることが描かれています。その前後に、「ドマ」「アラビア」「ティルス」についての託宣が配置されています。

イザヤの黙示録　24～27章

この部分は捕囚期以降の「黙示的」時代を背景に、「世界の破局」と「シオンの回復」が交互に展開する独自性の強いまとまりです。無論、紀元前八世紀のイザヤに由来する預言ではなく、また後代のダニエル書のような黙示文学でもありません。しかし、「イザヤの黙示録」という名称は、その「預言から黙示へ」という過渡的時代のテキストを性格づけるために適していると言えます。実際、27章2～6節には、5章1～7節の「ぶどう畑の歌」を踏まえて、新しい「ぶどう畑の回復」を告げる歌が記されています。

シオンの支配層への五回の災いの告知　28～33章

この部分には、イザヤの時代まで遡ることができる「災いあれ」という裁きの言葉が連続して示されています。28章では「エフライム」と「エルサレム」が等置され、その指導者たちへの厳しい批判が告げられます（28・1以下）。それに続いて「ああ、アリエル、アリエル。ダビデが陣を張った町よ」（29・1以下）という嘆きが記されます。

他方、「災いあれ、謀《はかりごと》を主に深く隠す者に」（29・15）という原理的なことが、「陶工と陶器」の譬《たと》えで言い表されています。そして、その具体例として、「かたくなな子らに災いあれ――主の仰せ。彼らは謀を巡らすが　それは私から出たものではない」（30・1以下）とエジプトに頼ろうとする指導者たちのことが挙げられます。同じことは「災いあれ、助けを求めてエジプトに下り　馬を頼みとする者に」（31・1以下）という文言によっても伝えられています。

預言者イザヤの活動時期の後期に、エルサレムの指導者たちがエジプトに頼ってアッシリアの脅威に対処しようとしたことに、イザヤは終始批判的であったのです。

イザヤの小黙示録　34～35章

この箇所は、イザヤの「小黙示録」と言われます。34章では諸民族世界に対する神の裁きがなされ、エドムの地が「荒廃」する姿が描かれています。それに対して35章では、神の救いによってシオンが「再生」される姿が対照的に描かれています。これは13章の「バビロンについての託宣」以降の一連の「託宣集」の結びであると共に、イザヤ書40章以降のテキストへの展望を示します。事実、「荒れ野の変容」という黙示的イメージによって、バビロン捕囚から帰還するための「大路《おおじ》」が敷かれ、神によって贖われた者たちが帰って来るということが告げられています（35・8〜10）。

イザヤ・ヒゼキヤ物語　36〜39章

列王記下18〜20章と多くの部分で並行している箇所です。しかし、イザヤ書の物語には重要な変更や改変がなされています。その全体的傾向はヒゼキヤ王の「理想化」と言えるものです。預言者と王は危機的状況において互いに連携し、アッシリアの脅威からエルサレムが守られることを確認しています。また、ヒゼキヤ王が「死の病」にかかった時も預言者イザヤが来て励まします。その時にヒゼキヤ王は神に祈りを捧げ、それに応える神によって癒やされ回復します。この「ヒゼキヤの祈り」はイザヤ書だけに伝えられている貴重な詩編です。

I

1〜12章

1　イザヤの時代の王たち

――ウジヤ、ヨタム、アハズ、ヒゼキヤ（1・1）

イザヤは紀元前八世紀後半に生きた人物です。当時の南王国の首都エルサレムに在住し、ダビデ王朝に仕える書記官のような務めをしていたと思われます。それは、イザヤ書（1～39章）に記されている預言者の言葉の中に、宮廷の知恵を背景とした言い方や語句が多く出てくるからです。つまり、いわば宮廷の「官僚」として、ウジヤとその息子ヨタムの共同統治を支えていた一人であったと考えられます。

しかし、前七三六年にウジヤ王が没すると内外に大きな問題が生じてきました。ウジヤ王は、北王国イスラエル（ヤロブアム二世）と合わせると、ダビデ・ソロモン以来の領土をほぼ取り戻し、繁栄の時代を築いた人物でした。しかし、そのウジヤ王の死により、これまでもあったであろう内政上の困難（とくに経済格差・搾取）が表面化し、様々な問題にエルサレム及びユダ王国は直面したのです。また、その頃アッシリアが東方からパレスチナ地方に侵攻を始める状況にありました。つまり、ウジヤの死を契機に内政・外交とも大きな転換期、危機の時代を迎えていたのです。イザヤが預言者として召命を受けたのが、その「ウジヤ王が死んだ年」（6・1）であったことは、大きな意味をもっていたと言えるでしょう。

イザヤは宮廷に仕える者として、ユダ王国の内政問題、また外交問題に通じていました。それゆえ、ウジヤ王の死によってもたらされる事態を認識していたと思います。そこで、神殿に詣でた時に「聖なる神」に出会い、その神が地上の王をはるかに超えた「王である万軍の主」（6・5）であることを明確に知り、地上の王ではなく「王なる神」に仕える預言者としての召命と使命をうけたのです。すなわちイザヤの時代の王たちは単に時代背景として登場するのではなく、王国を担う権力者として、ある時期は肯定的に、また多くは批判の対象として登場していると言えるでしょう。

アハズ王と預言者

さて、三番目にその名が記されているアハズ王は、まさに激動と言える時代に生きた王でした。前七三二年に「シリア・エフライム戦争」という出来事が起きます。これはアッシリアの勢力に対抗するために、シリア（アラム）とエフライム（北王国イスラエル）が同盟を結び、その軍事同盟にユダ王国（南王国）も加わるように強く圧力をかけることを目的としたものです。北王国イスラエルと言えば、南北に分かれたとは言え「兄弟国」であり、アハズ王の心と民の心は「森の木々が風に揺れ動くように動揺した」（7・2）と伝えられています。

その時、預言者イザヤがアハズ王と面会し「気をつけて、静かにしていなさい。恐れてはならない」（7・4）という神の言葉を告げたのですが、アハズ王は、シリアとエフライムの「反アッシリア同盟」に軍事的に対抗するために、アッシリアに朝貢し（列王記下16・7〜9）問題を解決しようとしました。そのような軍事同盟や大国の勢力に寄りすがる態度に対して預言者イザヤが、神の言葉に従わない信仰のなさを厳しく指摘し、批判したことは当然です。また、その後もイザヤはアハズ王の政策を批判したのですが、果たして、シリア（アラム）はアッシリアに滅ぼされ、北王国イスラエルも大きく領土を奪われ、南王国ユダ自身もアッシリアの属州と国境を接するという結果を招いてしまいました。このことに預言者イザヤは大きく失望・落胆し、一時期預言者活動から退き、弟子たちにその時々の神の言葉（「恐れるな」等）を「封じる」ように命じて、神の言葉の確かさが後に明らかになるようにしたと考えられます（8・16〜18）。

ヒゼキヤ王と預言者

最後に名前が記されているヒゼキヤ王は、列王記下によると「ヒゼキヤの改革」と呼ばれる改革を実行し、名君とされています。しかし、ヒゼキヤ王は基本的には親エジプトの外交政策をとり、アッシリアの脅威に対抗しようとしました（列王記下18・17～25）。このことについて預言者イザヤは「災いあれ、助けを求めてエジプトに下り　馬を頼みとする者に」と明確に批判しています（31・1～4）。また、ヒゼキヤ王はおそらくアッシリアの勢力とエジプトに挟まれながら難しい外交政策を強《し》いられたと思いますが、ユダ王国はついにセンナケリブのアッシリア軍によって侵攻され、ほとんどの町や領土を占領されてしまいました。そして都エルサレムは攻囲され、ヒゼキヤ王は孤立してしまう事態となります（前七〇一年）。このことは聖書外資料によっても確認できることです。しかし、重要なのは、エルサレムが攻囲されながらもかろうじて残されたことが、預言者イザヤの視点からは、ただ神の憐れみによる他ない出来事と捉えられていることです（1・4～9）。

イザヤとその時代のユダ王国の王たちの関わりは、以上のようなものでした。そして、他の預言者たちと比較して預言者イザヤに特徴的なことは、宮廷の書記官のような働きをしていたこともあり、その時代の王たちと直接面会でき、また対峙して王国の在り方に関わったことです。それは、アハズ王との対峙に示されていますが（特に7・3～17）、36～39章の「イザヤ・ヒゼキヤ物語」にもよく反映されています。

ヒゼキヤ王の病気と回復

その中で、ヒゼキヤ王はイザヤに使者を派遣して、アッシリアがエルサレムを脅かしていることを訴えています（37・1〜2）。また、イザヤもヒゼキヤに人を遣わし、神の言葉を伝えています（37・21）。そこで伝えられたメッセージは、アッシリアは必ず撤退し、もとの道を引き返し、エルサレムの都に入ることはないというものでした（37・33〜35）。また、ヒゼキヤが病気になると、神はその祈りを聞き、寿命を一五年延ばし、アッシリアの王の手からヒゼキヤと都を救い出すという言葉を、イザヤは伝えました（38・5）。このことは政治的危機と同時に身体的危機にもあったヒゼキヤを、どんなに励ましたことでしょう。ヒゼキヤは病気の中で涙を流して祈り、癒やされ、「主は私を救ってくださる」と告白したと伝えられています。

すなわち、イザヤの時代の王たちについて語ることは、預言者イザヤの登場から始まり、前八世紀のユダ王国とエルサレムの激動の時代を知り、さらには前六世紀のユダ王国の滅亡、バビロン捕囚までのことを予感させるのです。ユダ王国の王たちは、権力をもつ国王であると同時に、神の言葉に従わず、預言者が批判的に対峙しなければならなかった存在でした。そのことは、現在のイザヤ書の読者に、とりわけ為政者との関わりついて様々な問いを発していると言えるでしょう。

39章に後日談があります。それはもう一度、イザヤがヒゼキヤ王のところに来て、バビロンの王からの使者たちについて尋ねた時のことです。ヒゼキヤはエルサレムの宮殿の宝物庫のものすべてを見せたというのです。これに驚いたイザヤは、王宮にあるものはすべてバビロンに持ち去られる日が来る、と告げたと伝えられています。この部分はイザヤ書全体の中で、ただ一回だけ明確にバビロン捕囚当初のことについて言及されている箇所です（39・1〜8）。これは列王記下20章12〜20節とほぼ同じ記述ですが、イザヤ書40章以下の時代背景を準備しています。

2　天よ、聞け。地よ、耳を傾けよ（1・2～9）

「天よ、聞け。地よ、耳を傾けよ」。イザヤ書はこのような書き出しで始まっています。これは天と地を証人として呼び出し、イスラエルの民を告発している言葉です。しかも、それを語るのは神自身です。その理由はイスラエルが神に背いたからです。そのことを「牛は飼い主を知っており　ろばは主人の飼い葉桶を知っている。しかし、イスラエルは知らない」と、神は厳しく告げています。これは強烈な言葉です。イスラエルは、「神の民」であるにもかかわらず、牛やろばでさえ忘れない飼い主や飼い葉桶を忘れ、本来の主人に背いてしまっているというのです。このことは具体的には、アハズ王の時代に特に明確に記されていますが（特に7・1～17）、その他の箇所にも同様のことが言えるでしょう。また、この神の告発の言葉があえて冒頭に掲げられているのは、預言者イザヤの第一声としてふさわしいと考えた編集者の意図が働いているのだと思います。

エルサレムの現実

しかし、それにもましてイザヤ自身がこのような神からのイスラエルへの告発に応えて、より明確なイスラエルの民への批判をしていたことは事実です。「災いあれ、罪を犯す国、重い過ちを負う民悪をなす者の子孫、堕落した子らに」（1・4）。冒頭の「災いあれ」という言葉は本来、死者を嘆くために発せられるものですが、これを預言者は、現実の厳しさを訴えるために効果的に用いています。

さらにイザヤは、イスラエルが背き続けている事態を、聴衆に印象的に語るために比喩的な表現を展開していきます。「頭はどこも傷つき、心は全く弱り果てている。足の裏から頭まで、健やかなところはなく　生傷、打ち傷などの傷は　膿《うみ》も出されず、包まれず　油で和らげられることもない」（1・5〜6）。これはまさに満身創痍《そうい》の状況であると言えます。このような状態にまで神の民が陥っていることを、イザヤは人々に認識させるためにあえて言葉を尽くしているのだと思います。とりわけ、「膿も出されず、包まれず　油で和らげられることもない」は、身体的・肉体的苦痛に加えて、傷の痛みの緩和手段である「油で和らげ」てくれる人もいないという悲惨さが示されています（ルカ10・34参照）。傷つき、孤立無援の中に放置されているのがイスラエルの民の姿でした。

アッシリアのエルサレム攻囲

このような比喩を語ってきたイザヤですが、1章7節以下では、にわかに神の民の歴史的現実に即して語り始めます。それは前七〇一年にアッシリアの侵攻により、ユダ王国のほとんどの町と領土と農耕地を奪われた出来事でした。このことはアッシリア王センナケリブの記録に残っています。アッシリア軍は多くの戦果を達成し、都エルサレムを攻囲し、当時のヒゼキヤ王は「籠の鳥のようにその王都の中に閉じ込め」られたと伝えられています。イザヤは極めて正確にその時の状況を記しています(1・7)。しかし、そのことを書き記すこと自体が目的ではなく、この出来事にどのような意味があるのかを宣べ伝えることが、預言者の使命でありました。イザヤはこう書き記しています。「そして、娘シオンが残った。ぶどう畑の仮小屋のように きゅうり畑の見張り小屋のように 包囲された町として。もし万軍の主が、私たちのために 残りの者を少しも残さなかったなら 私たちはソドムのようになり ゴモラと同じようになったであろう」(1・8~9)。このイザヤの言葉は極めて重要なものです。

僅かなエルサレムの残りの者

まず「娘シオン」とはエルサレムの愛称ですが、その大切な都が、ある一時期だけ建てられては撤去される「ぶどう畑の仮小屋」や「きゅうり畑の見張り小屋」になっていることを嘆いている人々の姿が思い浮かびます。おそらくヒゼキヤ王もそうであったと思います。しかし、預言者の視点からは、同じ事態を見ているにもかかわらず別の事柄が見えていたのです。それは、万軍の主は「私たち（エルサレムの人々）のために」少しの「残りの者」を残してくれていたという事実です。このことがエルサレムの人々にとって大きな意味をもっているということが、預言者のメッセージでした。

また「残りの者」という言葉は、イザヤ書前半の中できわめて重要な意味をもっています。複数の語が「残りの者」と訳されていますが、いずれにせよ何らかの破壊があり、しかしそのただ中でなお生き残り再生する者たちがいるということを意味しています。このメッセージはイザヤに「シェアル・ヤシュブ」（「残りの者は帰ってくる」の意）という名前の息子がいたことで確かめることができます（7・3）。またイザヤ書6章13節には、イザヤの「残りの者の思想」と対話したテキストとして「切り倒されても切り株が残る」という文言が記されています。さらには、後の散文のテキストにも「あなたの民イスラエルが海の砂のようであっても、その中の残りの者だけが帰って来る」（10・22）と述べられています。

すなわち、「センナケリブのアッシリア軍によってユダ王国のほとんどの町や領土は奪い去られ、崩壊寸前であったが、しかし神は少しの『残りの者』を残してくれて、かろうじてエルサレムだけは占領されなかった。これは万軍の主の憐れみのゆえである。それゆえ、エルサレムとユダ王国は徹底的にその背信の罪（1・4〜5）を悔い改めなければならない」というのがイザヤのメッセージであったのです。このことは前七〇一年という危機的状況における預言者の語りかけとして重要でした。

しかし、エルサレムの住民たちの対応は違っていたと思われます。22章13節によると、次のようななげやりなことを言ってエルサレムの住民たちはその場をしのいでいました（関根正雄）。「ところが、お前たちは喜び祝い　牛を殺し、羊を屠り　肉を食らい、酒を飲み『食べたり飲んだりしよう　どうせ明日は死ぬのだから』と言う」。これはまさに背信の極みであり、神を信頼しない態度と言えるでしょう。預言者はこのようなユダ王国とエルサレムの住民の背信の罪と対峙し、これを批判したのです。

パウロによるイザヤの言葉の引用

他方、この「もし万軍の主が、私たちのために　残りの者を少しも残さなかったなら　私たちはソドムのようになり　ゴモラと同じようになったであろう」（1・9）という言葉は、ソドム・ゴモラという破滅の象徴ともいうべき地名と対比されているので、強烈な印象を与える箇所です。それを受けて新約聖書においてイスラエル論を展開したパウロは、重要な箇所でこのイザヤ書の言葉を引用しています。しかもイザヤ書10章22節の「残りの者」という語を含む箇所と合わせて引用しています（ローマ9・27～29）。

その趣旨は、神はユダヤ人からだけでなく、異邦人からも「憐れみの器」を召し出してくださったということです。すなわち、神の民でない者を神の民とすること、またユダヤ人も残りの者だけが救われること、さらには破局的な状況の中でも「怒りの器」ではなく「憐れみの器」として異邦人と共にユダヤ人もかろうじて救われるという文脈に置かれています。さらには、義を追い求めない異邦人が信仰による義を得て、イスラエルは律法の義に達しなかったという信仰義認論にも接続しています。いかにイザヤ書1章9節の文言がパウロにとって重要な箇所であったかが分かります。

しかし、むろんこのことは預言者イザヤが告げていることではありません。イザヤはソドムとゴモラをエルサレムの都に比して、エルサレムが神の憐れみなしに生き残ることはできなかったということを強調し、神の民が悔い改めることをこの時、求めたのです。ただ預言者イザヤの告知は、確かにある特定の歴史的時点において語られたものですが、それがイザヤ書の伝承として、新約の時代にまで響いていることは印象的と言えるでしょう。

3　祭儀ではなく、公正を追い求めよ（1・10〜17）

この箇所において、イザヤは徹底した祭儀批判を展開しています。古代イスラエル社会において祭儀とはその信仰の根本に関わる重大事でありました。とりわけ動物犠牲をともなう祭儀は、イスラエル民族が神の前に歩んでいくために不可欠なことととされていました。従って、祭儀を批判することはイスラエル宗教の根幹を揺るがしかねないことです。

この部分に出てくる「いけにえ」、雄羊の「焼き尽くすいけにえ」は、そもそも神が人々に求めていたことでした（レビ記1〜3章等）。また「私（神）の前に出る」とは聖地に巡礼をする時に用いられた言葉であり、「私の庭」は神殿の庭を指します。つまり、ここで神は、神殿において様々な「いけにえ」を捧げることのみならず、進んで人々が神殿に詣でることさえ喜ばないと、イザヤは告げているのです。これは過激な言葉であり、神自身がこれまでの祭儀的伝統を否定しているかのようです。

また、新月祭や安息日といった祭りや当時大切にされていた日を「私（神）の魂は憎む」と言い「それらのものは私には重荷であり　担うのに疲れ果てた」と神は告げているというのです。これらの祭りや日は、イスラエルの人々が神のために守っていたことでした。

さらに決定的と思われるのは次の言葉です。「また、あなたがたが両手を広げても　私は目をそらし　あなたがたが祈りを多く献げても、聞くことはない。あなたがたの手は血にまみれている」（15節）。これは人がどんなに祈ったとしても、神はそれを拒否する、としか読めない節と言えます。このような神の姿勢をイザヤは容赦なく告げています。つまり祭儀批判からはじまり、巡礼批判、安息日批判等を経て、人々が捧げる祈りの拒否にさえ、神の言葉は及んでいるのです。

しかしその次に、一転、神は「善と公正」を行えという倫理的課題を語り出しています。これはどういうことでしょうか。「洗え。身を清くせよ。あなたがたの悪い行いを私の目の前から取り除け。悪を行うことをやめよ。善を行うことを学べ。公正を追い求め、虐げられた者を救い　孤児のために裁き、寡婦を弁護せよ」（16～17節）。この言葉は、祭儀などの宗教的行為ではなく、今、社会において求められているのは「公正」（ツェダカー）であると明確に語っています。この「公正」とは、イスラエルという共同体において社会正義を貫くことを示しています。そして、それは社会的弱者を救うこと、特に「孤児と寡婦」を保護することでありました。神はイスラエルの人々に、祭儀ではなく、その「公正」を求めよと強く語りかけているのです。

何が批判されているのか

それではこの神の言葉を伝えたイザヤは、徹底的に祭儀批判を行い、社会正義の実践を訴えたのでしょうか。このことは預言者イザヤのみならず、そもそもアモスなどの王国時代の預言者の祭儀否定が絶対的なものであったかどうかという根本問題と関係します（例えば、アモス書5・21〜24等）。もし、それが絶対的否定であったとすれば、預言者の存在は旧約聖書の原点である宗教的祭儀規定を含む「律法」（トーラー）から離れてしまう可能性があります。また、このことは現在の祭儀とも言える「神への礼拝」が優先なのか「社会正義」の実現が先決なのか、さらには「宗教的敬虔」か「社会的実践」かという問題とも関係してきます。

まず、最初にイザヤが伝えた神の言葉は、徹底的であり一時的なものではありません。神は肥えた家畜の脂肪に「飽きた」、雄牛や小羊や雄山羊の血を「喜ばない」。安息日などの集いに「耐えられない」「憎む」「疲れ果てた」。また、人々の祈りの姿勢から「目をそらす」、その祈りの言葉にも「聞くことはない」と畳みかけるように述べられています。つまり神は、あらゆる器官、食感・味覚・嗅覚・視覚・聴覚をもって、全身で宗教行為を拒絶していることが示されています。これは、神が預言者に示された祭儀批判の徹底性を示しています。この批判は伝統的な祭儀規定を吹き飛ばすかのような勢いをもっています。「いけにえ」「聖所に赴くこと」「新月祭・安息日を守ること」「祈りを献げること」が、神の意志に反することであると語られているのです。

しかし、この徹底的批判は祭儀自体に向けられているのではありません。11～15節がこの祭儀批判の中心ですが、そこで展開されている祭儀批判の対象には「あなたがたの」「あなたがたに」という二人称複数が常に付いています。すなわち、この批判は祭儀行為そのものではなく、それを具体的に担う人々に向けられているのだと言えます。

この神からの語りかけがなされた時期は詳しくは分かりませんが、おそらくイザヤの活動時期の初期に語られ、ウジヤ王亡き後のエルサレム神殿を中心としたユダ王国体制の堕落がその背景にあると思います。そのような状況の中で、いかに祭儀行為が本来のものとは異なったものに変質しているかが、「あなたがたのいけにえ」あるいは「あなたがたの集会」「あなたがたの祈り」として批判されているのです。ですから、ここで対峙しているのは、神と祭儀ではなく、「私（神）」と「あなたがた（人々）」と言えるでしょう。

倫理的領域への移行

他方、このテキストは極めて巧みな仕方で、祭儀という宗教領域から、日常的・世俗的領域に焦点を移しています。16節冒頭の「洗え。身を清くせよ」という言葉は、祭儀の領域で多く用いられる言葉ですが、それが「悪い行い」を改め、「善を行うことを学ぶ」という倫理的領域において語られています。つまり「公正」(社会正義)を行うことに繋がっています。これは厳しい社会情勢の中で、弱い立場にある者たちが苦しんでいることへの神の限りない共感を示しています。

ただし、イザヤはここで「祭儀から倫理へ」と関心領域を単に変更せよと訴えているのではありません。むしろ問題なのは、祭儀においても倫理においても、「私(神)」と「あなたがた」なのです。このことは冒頭の10節の呼びかけの言葉から明らかです。「ソドムの支配者たちよ、主の言葉を聞け。ゴモラの民よ、私たちの神の教えに耳を傾けよ」。ここで対峙しているのは主なる神と人々(エルサレムの指導者とユダの民)です。

そこで最後の17節で端的に強調されているのは、社会の中で「善を行うことを学ぶこと」と「公正を追い求めること」です。これは単なる倫理規定ではなく、そもそも神自身がイスラエル共同体に求めていたことでした(孤児と寡婦への保護の命令。出エジプト記22・21〜22、申命記24・17、19等)。ですから、この「公正を追い求めること」は宗教的課題でもあるのです。従ってここで対峙しているのは、やはり祭儀対社会正義ではなく、根本的に「私（神）」と「あなたがた」です。それがなされていないことへの批判が神から告知され、イザヤはそれを現実の社会に伝えたのです。

エゴイズム批判

では、この箇所は最終的に、一体何を語っているのでしょうか。人々が行う祭儀行為（神の前に出る礼拝行為、神に祈りを捧げる行為、等）という通常の宗教生活に、エゴイズムが入りこみ、民族として、また個々としても、神を人間の自己実現の道具と見なそうとする現実をえぐり出しているのです。これは全く神の意志に反したことです。対峙しているのはやはり「私（神）対あなたがた」です。ただし、この時の神の語りかけは、とりわけ「祭儀ではなく、公正を追い求めよ」ということでした。

このような「祭儀批判」から「公正と正義を行うこと」への巧みな転換は、預言者アモスにも明確に見られ、むしろイザヤはアモスから影響を受けていたと言えるでしょう。アモスはやはり徹底した祭儀批判を行い、続いて「公正を水のように　正義を大河のように　尽きることなく流れさせよ」と記しています（アモス書5・21～24）。このような視点と、社会の指導者たちやイスラエル共同体への語りかけが、預言者の大きな使命であったのです。

4 神によって「精錬」される町 （1・21～26）

預言者という存在は、その時代の現実に対して繰り返し批判を告げています。預言者アモスも、またエレミヤもイスラエルの民に対して極めて厳しい言葉を発しています。それはイスラエルが神の民として本来の姿から堕落し、危険な道へと陥っていたからでした。アモスは「わが民イスラエルに終わりが来た。もはや、見過ごしにすることはできない」（アモス書8・2）という神の言葉を告げています。また、エレミヤは「私は裁きを下す　わが民のあらゆる悪に対して。彼らは私を捨て　他の神々に香をたき　自らの手で造ったものにひれ伏した」（エレミヤ書1・16）という神の言葉を伝えています。アモスにせよ、エレミヤにせよそれぞれの視点をもって預言活動を行っています。預言者の語りは個性的であり、多様な仕方でイスラエルへの現実批判を語っています。

預言者イザヤの思考方法

その中でも特徴的で、しかも預言者としての思考方法が明確に示されているのは預言者イザヤの場合です。イザヤは前述したように苛烈な現実批判を展開していますが、その語りの思想的起点は、現実の問題そのものではありません。確かに現実は目の前に見えてはいるのですが、預言者は決して単なる「社会批評家」あるいは「社会改良者」ではありません。厳しい現状をもちろん批判的に見つめていますが、自分の語ることが聴衆の心に効果的に伝わり、しかもその現実批判が受け止められ、聴衆が納得するに至るまでを考え抜いた思考方法を展開しています。

この箇所（1・21～26）では、次のような思考が明確に示されています。まずは、エルサレムの現実を嘆くことから始まっています。「どうして、忠実な町が遊女となってしまったのか」（21節）と語ります。この「どうして」という言葉は、かつてはそうでなかったということを前提としています。そこでイザヤが立ち帰っているのはダビデ・ソロモン時代のエルサレムのことです。この都エルサレムの原点を想起し、「どうして」今はこうなってしまったかとイザヤは落胆しているのです。

しかし、このことはイザヤがエルサレム繁栄の「理想の時代」を懐かしみ、回顧しているのではありません。また過去に逃避しているのでもありません。イザヤはその原点であるエルサレムが、神によって未来において回復されることを確信しているのです。その未来確信があるからこそ、現実のエルサレムに対して徹底的に現実批判の言葉を発せられたと言えるでしょう。つまり、イザヤは「現在のエルサレムの状況」から出発し、「かつてのダビデ・ソロモンの原点」に立ち帰り、その「エルサレムの回復という未来確信」をもって、現在のエルサレムの厳しい現実と向き合ったのです。その思想的経路をテキストに即して見てみましょう。

「どうして、忠実な町が遊女となってしまったのか。公正に満ち、正義がそこに宿っていたのに今や殺人者ばかりだ」（21節）。この「どうして」（エーカー）という語は、元来、人の死を嘆き弔《とむら》う言葉です。また、24節後半の「ああ」（ホーイ）という語も人の死を悼む時に発せられる語です。ですから、イザヤは、まだ滅びてはいないエルサレムの都に敢えて「あなた」と呼びかけ、しかしもはや「あなたは滅びているのと同然である」と言っているのです。強烈な言葉です。

さらに比喩を含めて、そのエルサレムの現状を描写しています。現実としては、エルサレムの「長《おさ》たち」（指導者たち）は反逆者となり、盗人の仲間と化し、人々から賄賂《わいろ》と贈り物を要求していると記されています。惨憺《さんたん》たる状況です。それは社会的弱者を無視することになります。「孤児のために裁かず　寡婦の訴えは彼らのところまで届かない」（23節後半）。ここでも前回取り上げた「孤児と寡婦」の窮状が、イザヤ自身によって訴えられています。

ただし、この箇所はエルサレムの現状をそのまま描き、批判するだけではなく、「あなた（エルサレム）の銀は金滓《かなかす》となり」（22節）というイメージを伴う比喩が使われています。実はこのことが、この箇所の後半における「万軍の主なる神　イスラエルの力ある方の仰《おお》せ」とされる神の言葉に繋がっていきます。「（あなたの）金滓を、灰汁《あく》をもってするように溶かして　不純物をすべて取り除く」（25節）。イザヤの厳しいエルサレムに対する現実批判の言葉は、万軍の主なる神からの裁きの告知を惹《じゃっ》起《き》していると言えます。この箇所は通常「神によって精錬される都エルサレム」と表題が付けられる箇所ですが、「神の精錬する裁き」とは破壊ではなく、預言者イザヤによってエルサレムの再建と回復を含む比喩として用いられています（イザヤ書48・10「見よ、私はあなたを精錬したが　銀としてではない。私はあなたを苦難の炉の中で試みた」参照）。

神による「精錬」

次に、「万軍の主なる神　イスラエルの力ある方の仰せ」という定型句をもって、神のエルサレムへの裁きが告げられています。ここでは「報復する」という強い神の決意が示され、「私（神）はあなた（エルサレム）に手を向け　金滓を、灰汁をもってするように溶かして　不純物をすべて取り除く」という神の「精錬する裁き」がまさに迫っていることが示されています。

これは神による裁きについての「未来確信」ですが、その「精錬」を通してこそエルサレムは「初めのように」「最初の時のように」回復されるという、神自身が切り拓く未来が描かれています。「私はあなたの裁判官を初めのように　参議官を最初の時のようにする」。そして、「その後《のち》、あなたは正義の都　忠実な町と呼ばれるであろう」という言葉で結ばれています。

冒頭で古代イスラエルの預言者たちはそれぞれ個性的な存在であると述べました。そのことは、預言者が神から与えられていた「未来確信」の多様性に示されています。アモスは「わが民イスラエルに終わりが来た」（アモス書8・2）という、衝撃的な未来を神から告げられて、それに基づき容赦なく現実のイスラエルを批判しました。エレミヤは、モーセの時代に立てられた「契約」をイスラエルの側が破ったことを決定的な過ちであるとしましたが、しかし神は、モーセの時代の契約とは全く違う「新しい契約」を結ぶという未来を預言者に示しました（エレミヤ書31・31〜34）。そのような未来確信はエレミヤの初期には明示されてはいませんが、「私は裁きを下す　わが民のあらゆる悪に対して。彼らは私を捨て　他の神々に香をたき　自らの手で造ったものにひれ伏した」（1・16）という十戒の最重要の戒めに背いているイスラエルの民の離反は、エレミヤをして嘆きと痛みを伴いながらも預言者活動に引き入れていったのです。それゆえ、エレミヤの預言者活動は全体として「新しい契約」という未来確信による現実批判という構造をもっていると言えるでしょう。

その預言的伝統の中でイザヤは、「正義の都」「忠実な町」としてのエルサレムの回復という未来確信を神から与えられ、その神によってもたらされる将来に向けて、同時代の人々（特にエルサレムの指導者）が責任的に応答するようにこの箇所で求めたのです。これは預言者イザヤのメッセージとして貴重なものであり、その後も影響を与えていくことになります。

5　その剣を鋤に、槍を鎌に打ち直す（2・1〜5）

旧約聖書は「戦いの書」と言われることがあります。事実、古代イスラエル史は多くの戦争の歴史でもあります。特に王国成立以降、イスラエルは周辺民族や諸国家との間で戦いを経験し、またオリエントを支配する超大国（アッシリア、新バビロニア）の支配と抑圧の中で生き抜いてきました。預言者イザヤにとっても、アハズ王の時代に「シリア・エフライム戦争」、また、ヒゼキヤ王の時代のアッシリア軍による「エルサレム攻囲」という事態に遭遇し、常に揺れ動く時代の中でイザヤは預言者として葛藤していたと思います。

イザヤの平和へのヴィジョン

しかし、それだけに諸国民の平和への希求をイザヤは特に強くもっていたことが、後期の預言者活動の中に示されています。「正義が造り出すものは平和。正義が生み出すものは　とこしえに至る静けさと信頼である」（32・17）。これは極めてイザヤ的な表現であり、イザヤが預言者活動の中で到達した事柄、あるいは最終的な確信を示しています。

そのことを生き生きと描き出しているのが、イザヤ書2章2〜5節の「諸国民の平和」についての文言です。これは従来からイザヤの「白鳥の歌」と言われ、預言者イザヤの最後のメッセージとして注目されてきたテキストです。

詩編にいくつかの並行例がありますが（48・3等）、「シオンの山は高く美しく、全地の喜び」という「シオン伝承」（シオンはエルサレムの愛称）に立ちつつイザヤは語りはじめます。ただイザヤにとっては「主の家の山」の高さは問題ではなく、神がその「山」において諸国民に自らを啓示するということが重要です。また、「国々はこぞって川の流れのように　そこに向かい」とあり諸国民の自発性が示唆されています。

続いて、諸国民自らが語る言葉が記されています。「さあ、主の山、ヤコブの神の家に登ろう。主はその道を私たちに示してくださる。私たちはその道を歩もう」（3節a）。この「神の家に登ろう」とは巡礼の時に使われる用語ですが、ここでは「主なる神（ヤハウェ）」を信じて礼拝をするということではなく、イスラエルの神に権威ある決定をしてもらうことを期待して諸国民が問いかけるということです。その具体的な内容は、諸民族間の紛争解決について指示を受けることです。つまり「その道」とは繰り返される戦争状況を解決する方法のことです（3節b「教え」「主の言葉」も同義）。

これは預言者による壮大なヴィジョンです。本来、「主なる神」を信じていない諸国民が、自分たちが抱えている紛争問題を、エルサレムに登って神の前に持ち出し、その解決を求めるというのですから。同様のヴィジョンはミカ書4章1〜3節に引用されていますが、おそらくイザヤの言葉がもとになったものと思われます。それほどこの箇所は他の預言者にとっても衝撃的であり、当時の古代世界ではユニークな箇所と言えます。

一番重要な部分をそのまま引用します。「主は国々の間を裁き　多くの民のために判決を下される。彼らはその剣を鋤《すき》に　その槍を鎌に打ち直す。国は国に向かって剣を上げず　もはや戦いを学ぶことはない」（4節）。この言葉は、逆に言えばイスラエルを含む諸民族・諸国民が、常に争ってきたという現実を示しています。そのような中でイザヤの言葉はどのような意味をもっているのでしょうか。この点に関しては、古代世界だけでなく、現代世界においても共通の論点があると思います。

平和のヴィジョンの方向性

まず、このヴィジョンは「終わりの日に」という語で始まっています。すなわち国際政治の具体的な政治日程に組み込まれるような事柄ではないということです。ただし、この語は正確には「終わりの日々に（複数）」と訳されます。つまりすべての歴史を超越したいわゆる「終末」ではなく、「未来への約束」を意味しています（創世記49・1「後の日に」、ヤコブの息子たちへの約束）。従って、この箇所を世界の「終末」にのみ関わることであると狭く理解するのは誤りでしょう。そうではなく、やはりイザヤは、諸国民が歴史においてどう歩むかの態度決定を問題としています。

また、このテキストは諸国民が神（ヤハウェ）に出会った後に、自発的に「その剣を鋤に　その槍を鎌に打ち直す」と語っていますが、預言者はそのことが現実の歴史の中ですぐに起きると考えてはいません。むしろ、現実には軍備増強や戦火が絶えない中にあって、神の民イスラエルがどう歩むべきかを指し示しているのです。ミカ書4章の同様なヴィジョンの後には「どの民もおのおの、自らの神の名によって歩む。私たちは私たちの神、主の名によって　とこしえに歩む」（4・5）という言葉が記されています。この言葉は諸国民の厳しい現実を冷静な目で見つめつつも、では神の民はどう歩むべきかを語っています。それに相当するのはイザヤ書2章の「ヤコブの家よ、さあ、主の光の中を歩もう」（5節）という神の民への呼びかけです。この呼びかけがなされていることにより、まずは神の民がこのヴィジョンを受け止めることが先決であると示唆されています。

このこととの関連で、「剣を鋤に、槍を鎌に打ち直す」ということは、これまでのイスラエルの中では語られず、王国成立前後から、むしろ「鋤を剣に、鎌を槍に打ち直す」ということがスローガンとして語られていた可能性があります。すなわち、戦争の危機に際して、全く武装していない農民を徴兵する時に応急の武器を調達することを求める文言であって、イザヤは、まさにそのスローガンを逆転させて「剣を鋤に、槍を鎌に」と用いていると言えます。そのことで諸国民が戦いを止め、農耕に勤しむことを促すということが、紛争解決の道であると述べられています。イザヤは、諸国民がイスラエルを含め、「終わりの日」のヴィジョンに向かっていくことが重要であるとしたのです。

しかし、この「剣を鋤に、槍を鎌に打ち直す」ということでイザヤが問題としたのは、極めて具体的には、当時のエレサレムにおける指導者たちの現実であったと思います。そこには事実、軍備増強と同盟政策に走るユダ王国の姿がありました。このことを踏まえると、イザヤのヴィジョンは、直接的にはユダ王国に対する現実批判と言えます。「終わりの日」という未来待望を、スケールの大きな諸国民の姿として描き、「彼らはその剣を鋤に　その槍を鎌に打ち直す。国は国に向かって剣を上げず　もはや戦いを学ぶことはない」と語り、足もとのユダ王国に「さあ、主の光の中を歩もう」と呼びかけています。

平和のヴィジョンの影響力

　このイザヤのヴィジョンの影響は大きく、ミカ書に引用され、またヨエル書ではそれがさらに逆転され、諸国民に対して皮肉を込めて「鋤を剣に、鎌を槍に打ち直し　弱い者にも、『私は勇士だ』と言わせよ」（4・10）と告げられています。預言者の中でも受け止め方に多様性があります。まして、現代社会では「イザヤのヴィジョン」については、多くの議論があることは当然です。これは決して現実化しない幻であると断じられてしまうかもしれません。

　しかし、現在ニューヨークにある国際連合ビルの広場の壁には英文で「彼らはその剣を鋤に　その槍を鎌に打ち直す。国は国に向かって剣を上げず　もはや戦いを学ぶことはない。イザヤ」と刻まれています。確かに、国連は今世紀の世界の紛争・戦争状況に的確に対応してはいないという現状はありますが、核兵器禁止条約の締結など、一定の存在感をもっています。そのような不完全ではあるが「諸国民の平和」への試みのただ中に、「イザヤのヴィジョン」が「到来する」のを希望することは、預言者の精神に即したものであると考えます。

6　人間に頼ることはやめよ、鼻で息をするだけの者に（2・6〜22）

預言者イザヤは、ユダ王国の様々な歴史的局面で発言しています。そして、彼を遣わした神の意志に反した人々の姿を、随所で浮き彫りにしています。この箇所の冒頭の神への語りかけは、その末になされた、かなり断定的な神の裁きに関する言葉です。「あなたは、ご自分の民　ヤコブの家を見捨ててしまわれた」（6節）。これは決定的とも言える言葉です。

しかし預言者は、単に神の裁きを民に伝達する存在ではなく、神が何故そのようなことを行ったのかということを、具体的に、また聞き手が納得できるように語り聞かせるという努力をしています。それは、まず神の言葉を受け止め、明確なイメージとして人々の心に提示することでした。

人間の高慢への裁き

この箇所のテーマは、「人間の高慢」への徹底的批判です。その中で、当時のユダ王国の姿が地理的に、またそこを往来する人々の活動によって示されています。中でも12～16節の「万軍の主の日」についての描写は、聴衆の視点を「北から南に」向けようとしており（パレスチナ北部のレバノン→東ヨルダンの山地バシャン→タルシシュの船が寄港していた南方のアカバ湾）、印象的な叙述です。

「レバノン杉」「バシャンの樫の木」「高い山々」「そびえる峰」「高い塔」「堅固な城壁」「タルシシュの船」「美しい船舶」と列挙されています。これらはいずれも豊かさと強さの象徴です。例えば「レバノン杉」は高価な木材であり、「バシャン」は肥沃な平地、「堅固な城壁」とは典型的にはエルサレムのこと、また「タルシシュの船」とは海外貿易に用いられていた船舶です。つまりユダ王国の資源、経済、政治、軍備の強さを思わされますが、それは「すべて」、低くされるというのです。何故ならば、それらのものが、人間を高慢にし、神の意志に反する力として働くからです。

また「人間の高慢」は、さらに具体的な状況から見て取ることができます。それは、ユダ王国に「東方からの占い師と卜占《ぼくせん》する者」が満ちているという異教的状況や、「銀と金で満たされ、財宝には限りがない」という財力、さらに「馬で満たされ、戦車に限りはない」ことが挙げられています。しかし、これらのことを貫くのは8節の「偶像」であり、自らが造り上げたものに逆に人間がひれ伏す「偶像崇拝」ということが最も問題です。

確かに、20節の「自らがひれ伏すために造った　銀の偶像と金の偶像」という直接的な表現もありますが、預言者が語る「偶像崇拝」とは、基本的に人間が造り上げた、神以外の力を自らの支えとすることです。それは財力、軍事力、政治力という形をとって、人間が造り上げたものに人間がひれ伏すという結果をもたらします。このことは古代世界のみならず、現代社会においても見られることです。

偶像化された人物がその国の権力を握り続けることがあります。また、財力や資本は確かに必要なものですが、その力によって社会や人間が翻弄されていることも事実です。そのような中で「偶像」問題は古くて新しい課題です。

では、その人間の高慢（特に偶像化）はどうしたら砕かれるのか。それがここでの預言者の語りの強調点です。イザヤはこの箇所の中心で「万軍の主の日が臨む」（12節）と告げます。そして「高ぶる者と高慢な者すべてに　己を高くする者すべてに。彼らは低くされる」と語ります。また「人間の高ぶる目は低くされ、人の高慢は卑しめられる。その日には、主のみが高くされる」（11節。17節もほぼ同様）と述べています。つまり、人間の高慢は結局、神が最も高い存在であることが決定的に示されることによってのみ砕かれるのです。それほど人間の高慢は人を支配するものです。

高慢の罪の具体性

イザヤはそのことを具体的な状況において、エルサレムの支配者たちに語りかけています。その典型的な箇所は31章1～3節です。イザヤの活動の後期に、ユダ王国はアッシリアの脅威に対するためエジプトに支援を求めたのですが、それを「災いあれ」とイザヤは批判しています。

「災いあれ、助けを求めてエジプトに下り　馬を頼みとする者に。彼らは、戦車の数が多く　騎兵が強力であることに頼り　イスラエルの聖なる方に目を向けず　主を求めようともしない」（31・1）。これはまさに、ユダ王国がイスラエルの聖なる方に背き、他国の軍隊に頼って問題を解決しようとする「人間の高慢」に他なりません。さらにその事態をイザヤは偶像問題の視点で明らかにしています。「エジプト人は人であって、神ではない。彼らの馬は肉であって、霊ではない。主が手を伸ばされると　助ける者はつまずき　助けられる者は倒れ　皆共に滅びる」（31・3）。この「エジプト人は人であって、神ではない」という認識は偶像問題に直接関係します。また、「馬は肉であって、霊ではない」ということも、神ではなく軍事力を頼みとして危機を乗り越えようとするユダ王国の「高慢さ」を明確にしています。

また、30章1～2節においても「エジプトとの同盟」政策は、神から出たものではないことが明らかにされています。「かたくなな子らに災いあれ――主の仰せ。彼らは謀《はかりごと》を巡らすが　それは私から出たものではない。同盟を結ぶが　私の霊によってではない。こうして彼らは罪に罪を重ねている。彼らはエジプトに下って行こうとし　私の指示を求めようとしない。彼らはファラオの庇護のもとに逃れ　エジプトの陰に身を寄せようとする」。この箇所において、神からの指示を求めず、エジプトとの同盟にはしるエルサレムの指導者たちの姿は、自国の安全のために他国の強力な軍隊にさえ頼ろうとする試みです。どこまでも人間自らの「はかりごと」によって生きようとします。その同盟政策は、神なしの神から離れた「高慢」そのものと言えるでしょう。

このような歴史的局面において、その都度イザヤは言葉を発していますが、その響きと内容は同じです。人間の高慢は、神以外の力に頼ろうとする「偶像崇拝」を生み、結局、人間が造り上げたものに、またすがりつくことになるのです。

この2章6〜21節の部分は、保存状態がわるい断片の集合体であると言われてきましたが、そうではなく個々具体的なイザヤの発言の背後にある「人間の高慢」また種々の「偶像崇拝」を鋭く見抜き、それを批判する神からの示しが要約されていると言えます。

人間の偶像化

このイザヤの「あなた（神）は、ご自分の民　ヤコブの家を見捨ててしまわれた」（6節）という衝撃的な神への語りから始まる預言者の告知に応答したのが、22節の言葉です。「人間に頼ることはやめよ　鼻で息をするだけの者に。人に何の値打ちがあるのか」。この節はイザヤ以降のものだと思いますが、的確にイザヤの告知をまとめています。人間が最終的に頼ることができるのは、様々な偶像を自ら造り出し、それを拝むような人ではなく、神のみであるということが明確に述べられています。人間の現実に対して極めて否定的な文言ですが、この部分の結びとしてふさわしいものです。

人間に頼ることは、人間を「偶像化」し、人間が造り出したものを「神のように」扱うことです。22節の言葉は、そのことを「人間に頼ることはやめよ　鼻で息をするだけの者に」と知恵の伝統に基づく言葉によって否定し、預言者的精神を受け止めているのです。それは箴言29章23節「人間の高ぶりはその者を低く」する、同25節「人間を恐れると、それは罠となる」という認識と通じています。イザヤがこの箴言を知っていたとすれば全面的に同意したことでしょう。

7　指導者不在の混沌に、救いはあるか（3・1〜4・6）

　イザヤ書の特徴として、預言者の言葉が時系列に並べられているのではなく、例えば、第1章には代表的な各時期の言葉が周到に集められ、書物の導入となっています。また、今回の3章1節〜4章6節という長いテキストの場合も、イザヤの活動の初期に由来する部分が多く含まれています。当時のエルサレムとユダ王国の内政の混乱を示す文言が記され、「このような混沌状況に果たして救いがあるのか」という問題意識のもと、ついに「神の創造の力」によってエルサレムが回復するという流れになっています。つまり、神の裁き（3・1〜4・1）から、神の救い（4・2〜6）という基本線が貫かれ、イザヤ書全体の特徴を示しています。

エルサレムとユダの混沌

イザヤがここで告知していることは、エルサレムとユダ王国の内政混乱であり、悲惨な状況を呈しているということです（1～7節）。そのことが、主な役職を担う男性の指導者たちの不在として描かれています。神は、「勇士と戦士、裁判官と預言者、占い師と長老　五十人の長《ちょう》と身分の高い者参議、熟練の魔術師と巧みな呪術師」（2～3節）を取り去ると語ります。これらの人々のうち、勇士と戦士、裁判官、五十人の長、参議などはエルサレムとユダ王国にとって不可欠な存在であったはずです。指導者たちの不在は社会を混乱させます。また、次の指導者もなかなか現れないことが述べられています（6～7節）。

それに対応して、指導者層の女性たちの姿が描かれ、その姿の高慢が指摘されます（16節）。彼女たちも自由な身分から脱落することが示唆されています（17節）。また多くの装飾品を、神が「取り去る」（18～23節。2～3節を参照）ことが告げられています。つまり、男性の指導者たちが取り去られ、また女性の指導者層も没落するというのです。このことはエルサレムとユダ王国にとって危機的状況でした。

内政上の混乱は、具体的には「貧しい者たち」が虐げられることを意味します。「主は裁きを始める　その民の長老と長《おさ》に対して。『あなたがたはぶどう畑を食い尽くした。貧しい者から奪い取ったものは　あなたがたの家にある。あなたがたはなぜ、私の民を叩き潰し　貧しい者たちの顔をすり潰したのか』」（14～15節）。指導者たちの不在は、社会の最も弱い者たちを「叩き潰す」ことになるのです。しかも、ここで「貧しい者たち」は神から「私の民」と同一視されています。神の裁きは避けられないのです。

他方、指導者層の女性たちの姿も、さらに悲惨なことになると告げられています。「こうして、良い香りが悪臭に変わり　帯が縄に、きれいに結《ゆ》った髪がそり落とされ　華やかな衣は粗布《あらぬの》の服に変わる。美しさは恥に変わる」（24節）。この指導者層の女性たちの凋落《ちょうらく》は、男性の指導者たちの姿と相まって、エルサレムとユダ王国の混沌を示しています。

加えて25節では「シオンの男たち」が戦いに倒れることが告げられています。すなわち、指導者層の女性たちは寡婦となってしまうというのです。ただ、彼女たちは自立的であり、「私たちは自分のパンを食べ　自分の服を着ますから　どうか、私たちがあなたの名で呼ばれるようにし　そしりを取り去ってください」（4・1）と言っています。寡婦となった女性は、そのままでは財産や土地が所有できず困窮する場合が多いのですが、4章1節では、シオンの娘たちが一人の男性の名によって自分の立場を保持しようとしています。

ですから、ここで4章1節は全くの絶望を示しているわけではないと思いますが、ただし、「その日には」という語が冒頭に付されているので、直ちにそのようなことがシオンの娘たちの現実になるとは考えられてはいません。そこで、この箇所を読む上で重要なことは、4章2～6節との関係です。

混沌からの救済

冒頭でこの箇所の流れは、神の裁き（3・1～4・1）から神の救い（4・2～6）ということであると記しました。これはイザヤの時代の繋がりではなく、エルサレムの町が崩壊して、バビロン捕囚を経験後、帰還を果たしたことを前提としています。おそらく、それ以降の第二神殿において、イザヤ書4章2～6節が典礼の中で用いられ尊重されていたことを示しています。「その日には、主の若枝は麗しく、光り輝く。地の実りは、イスラエルの生き残った者にとって誇りと栄誉となる」（2節）は、捕囚状況からの解放と、エルサレム帰還後の復興の希望を指しています。

それだけでなく、3章1～15節の男性指導者たちがもたらした混乱、また3章16節～4章1節の女性指導者層の没落が的確に踏まえられています。とりわけ、「シオンの男たち」の多くの戦死によってもたらされた「シオンの娘たち」の困難さは、深刻なものとして受け止められています。4章1節の「七人の女たちが、一人の男を捕まえて言う」ということは確かに女性たちの必死な姿を示していますが、それはシオン（エルサレム）の人々が、苦境の中で一人の方を、つまり一人の神を求めることに繋がっていきます。

しかし、そのことがなされるためには、神による裁きが不可欠です。エルサレムの混沌の原因は神の力のみによって解決されるという認識が、4章2〜6節にはあります。「主は、シオンの娘たちの汚れを洗い、裁きの霊と焼き尽くす霊によって、エルサレムの血をその内側から清める」（4節）。つまり、エルサレムの混沌とした状況は、神の「内側からの裁き」によって解決される他ないのです。

神の創造によるシオンの回復

他方、さらに捕囚後のエルサレムにおける典礼においてこの文言が用いられたので、そのイメージが反映されています。「主は、シオンの山の全域と、そこで行われる集会の上に、昼は雲を、夜は煙と燃える火の輝きを造る」（5節）とあります。これは出エジプト伝承に基づいていますが、第一イザヤ書（1〜39章）においては極めて例外的です。さらに、「昼は雲を、夜は煙と燃える火の輝きを造る」と訳されている「造る」という言葉は、神による「創造」を言い表す語ですが、1〜39章の中で、ここにおいてだけ用いられています。

従って、4章2〜6節はイザヤ書の中で特別な箇所です。イザヤの初期の伝承を踏まえ、その厳しい神の裁きを前提としていますが、しかし、それだけでは終わらない「新しい創造のための裁き」に言及しています。そして、この典礼において用いられた文言が、「混沌状況は神の創造的な働きによって克服される」という確信を表明することで、イザヤ書の読者は、書物全体を見渡す視野を開かれていきます。

事実、イザヤ書40~55章の大きなテーマの一つは「新しい創造」です。例えば、「主は永遠の神地の果てまで創造された方。疲れることなく、弱ることなく　その英知は究め難い」（40・28）とあります。神は最初の天地創造以降も、現実の世界に継続的に働きかけているのです。また、65章17節には「見よ、私は新しい天と新しい地を創造する」という言葉があります。このようなイザヤ書の支柱となるような言葉として、この箇所は存在しているのです。

無論、この箇所の直接的な文脈においては「指導者不在の混沌に、神は裁きをもって臨むが、神による創造の力によって救いはある」と告げていると言えるでしょう。

8　ぶどう畑の歌（5・1〜7）

聖書時代の人々にとって、ぶどう畑は身近なものでした。それは食生活に欠かせないと共に、特に大切なものであることを表す比喩として、多く用いられています。とりわけ「イスラエルの民」がぶどう畑と呼ばれています。イザヤはそのことを巧みに捉え、この箇所において神の意志を、エルサレムに住む人とユダ王国の人に伝えようとしています。

この箇所はまるでラブソングのように始まっています。「私は歌おう、私の愛する者のために　ぶどう畑の愛の歌を」（1節）。雅歌において、ぶどう畑は恋愛の場とされています（1・6、7・13）。しかし、2節以下の歌の内容から、「私」とはイザヤ自身であり、「私の愛する者」とは神であることが明らかにされます。あえてイザヤはこのような語り方をして聴衆の印象に残るようにしたのかもしれません。そして、その「愛の歌」は失恋歌に変化していくのです。

ぶどう畑の歌の構成

少しこの歌の構成と展開を見てみましょう。

まず、イザヤの「愛する者」（1節）は肥沃な丘にぶどう畑を持っていたという言葉で始まっています。そして、彼はそのぶどう畑に対して、あらゆる手立てを尽くして配慮しています（2節）。そして、良いぶどうが実るのを待ち望んだのです。しかし、実ったのは酸っぱいぶどうであったというのです。

酸っぱいぶどうとは、なんらかの病気にかかったぶどうです。その病気は成長期に進行します。それだけに、「良いぶどう」を待ち望んだ者の落胆は、大きいものであったのです。そこでぶどう畑の所有者、つまり神はこのことを問題とし、突然、一人称で語りはじめます。「さあ、エルサレムに住む人、ユダの人よ　私とぶどう畑の間を裁いてみよ」（3節）。これは神自身の言葉であり、このイザヤの歌に神が介入してきて、直接、聴衆に語りかけていることが分かります。破格な展開です。

しかし、この「ぶどう畑の歌」はイメージに富んだ語りであり、イザヤがこの全体を書き記したことを考えると、効果的な告知です。すなわち、ぶどう畑がイスラエルの民を示していることは、聴衆であるエルサレムに住む人、ユダ王国の人は分かっていたと思います。そこに、神自身による「私とぶどう畑の間を裁いてみよ」という語りかけがあったのです。そのことで聴衆はもはや傍観者ではありえず、当事者として神の裁きの言葉を受け止める他なくなったのです。

4節以下の「ぶどう畑に対してすべきことで　私がしなかったことがまだあるか」という言葉で始まる一連の文言は、2節の言葉を全面的に撤回する内容です。ぶどう畑の「石垣」を壊し、「荒れ地」とし、もはや「耕されること」もないと神は言っています。また、それだけでなく「私は雲に命じて、もはや雨を降らせない」というのですから徹底しています。それほど「良いぶどう」ではなく「酸っぱいぶどう」を実らせたことは落胆と失望をもたらしたのです。

そこで、預言者イザヤは直接的に、神の裁きの意志と現実の問題を伝えています。「万軍の主のぶどう畑とは、イスラエルの家のこと。ユダの人こそ、主が喜んで植えたもの。主は公正を待ち望んだのに　そこには、流血。正義を待ち望んだのに　そこには、叫び」（7節）。

ここでは北王国イスラエルと南王国ユダが両者ともに視野に入れられ、神の民イスラエル全体が流血と叫びに満ちている現実が批判されています。そして、神がその民に求めるのは「公正と正義」であることが明確に示されています。

公正と正義を求める神

「公正と正義」という語はしばしば対語として用いられています。「公正」は公共社会における正しさ、他方、「正義」は、そのことを含みつつ、神との関係の正しさを示しています。これまでのイザヤ書の箇所に幾度も言及されています（1・17、21、26、27）。預言者イザヤにとって最重要の語です。従って、神が「公正」を待ち望んだのに、流血の事態が生じ、「正義」を待ち望んだのに、人々の間に叫びが満ちていることは、イザヤにとってあってはならないことでありました。そのことを聴衆に訴え、何とか気付かせることが預言者の役割でした。

そのためにイザヤは「ぶどう畑」というイメージを有効に用いるだけでなく、この歌の中に聞いている人々を巻き込み、「あなたがたこそ当事者である」ということを意識させています。これは極めて巧みな語り方です。イメージや比喩に基づく語りは、物事を分かりやすく伝達するだけでなく、それを聞いている人々が自らに向けられた言葉として受け止める時、現状を変革していく働きもします。この歌の場合、少なくとも自分たちが「公正と正義」ではなく、「流血」と「叫び」を生じさせている、それは神の民としては決定的な問題であるという自己認識を呼び覚ましたと言えるでしょう。

古代世界の文学の傑作とその影響力

また、この歌は世界文学の傑作の一つであるという評価さえあります。それは聴衆の興味を引き付け（恋愛歌！）、そこから一歩一歩進んで意味を深め、聴衆をこの歌の中に引き込み（当事者意識）、その正体を明らかにし、最後に突然、明確な結論を出して、解釈の余地なく納得させるという内容になっているからです。世界文学の傑作の一つというのは過大評価であるとしても、イザヤの「ぶどう畑の歌」が、後の時代に影響を与えていることは間違いありません。

新約聖書のマルコ福音書12章1～12節に「ぶどう園と農夫」の譬えが記されていますが、その背景には、この「ぶどう畑の歌」があります。そこでは、ぶどう園の主人（神）が農夫たち（神の民の代表）によって拒絶され、主人の息子（イエス）を送っても、農夫たちは捕らえて殺し、ぶどう園の外に放り出したというストーリーになっています。そして、この譬えの直接的な聴き手である祭司長、律法学者、長老たちは、そのイエスの譬えが、自分たちへの当てこすりであると分かったので、その場を立ち去ったと記されています。いくつかの共通点があります。

他方、同じイザヤ書内に、明らかにこの「ぶどう畑の歌」を前提とした黙示的テキストがあります。それは「美しいぶどう畑の歌」と名付けられる内容であり、イザヤの「ぶどう畑の歌」とは正反対の救いの歌です。

「その日には　美しいぶどう畑の歌を歌え。主である私はその番人。絶えずぶどうに水をやり　畑が荒らされないように　夜も昼も守っている。私は憤らない。茨とあざみが私と戦おうとするなら私は進み出て、それをまとめて焼き払おう。それを望まないなら、私の保護の下に入り　私と和解するがよい。和解を私とするがよい。時が来れば、ヤコブは根を張り　イスラエルは芽を出して花を咲かせ　世界の地の面《おもて》をその実りで満たす」（27・2～6）

長く引用しましたが、この「美しいぶどう畑の歌」は、イザヤの「ぶどう畑の歌」の伝承を受け継ぎ、それを神からの警告や裁きではなく、神が荒廃の象徴である「茨とあざみ」（27・4。5・6参照）を焼き払う、という強い意志を示しています。この歌は24章から27章に記されている「イザヤの黙示録」の最終章に置かれています。従って紀元前八世紀の預言者イザヤが書き記したものではありませんが、イザヤの歴史伝承を用い、それを和解と救済の歌に転換した意義は大きいと思います。

イザヤ書の読者はこの二つの「ぶどう畑の歌」の間で、自らの現実問題を考え、それがどのような解決の約束のもとにあるかを展望することができます。

9　神の計画を嘲笑する者に、災いあれ（5・8〜24）

「災いあれ」。この箇所で、この語が六回繰り返されています。もうすでに1章において用いられていた言葉です（1・4等）。元来、この語は死者を嘆き悲しむ時に発せられたものです。しかし、預言者たちはまだ生きている人間や集団に対してこの語を使い、その在り方を批判しています（アモス書6・1等）。

それでは預言者イザヤは、何をもって「災いあれ」と言っているのでしょうか。そのことが列挙されているのがこの箇所です。様々なことが述べられているので、少し整理して考えてみたいと思います。

「災いあれ」の叫び

六回繰り返されている中で、最も包括的な文言は20節の言葉です。「災いあれ、悪を善と言い、善を悪と言う者に。彼らは、闇を光とし、光を闇とする。苦いものを甘くし、甘いものを苦くする」。この善を悪とする、光を闇とするということは、どのようなことが起きようとも、その者にとっては何ら変わらない現実であって、預言者の言葉は届きようがないことを意味します。この節がほぼ中央にあることは、「災いあれ」と語られる者たちの鈍感さと不見識を示しています。

他方、20節が全体を包括するものであるとするならば、「災いあれ」と言われている中で、最も具体性をもって描かれているのはどこでしょうか。それは8～9節です。「災いあれ、家に家を連ね、畑に畑を加える者に。もはや土地はなくなり　あなたがただけがこの地の中に住もうとしている。万軍の主は私の耳に告げる。多くの家は荒れ果て　大きく美しい家々にも住む人がいなくなる」。エルサレムおよびユダ王国の指導者たちが無策である現実が、あるいはその指導者たち自身が、家屋と畑を大きくし土地を独占しようとしている姿が描かれています。それは神の意志に反したことであるとイザヤは告げています。そして、そのような指導者たちによる独占は、おそらく23節「彼らは賄賂によって悪しき者を義とし　正しき者たちの正義を退ける」という仕方によって、つまり指導者たちが富裕層を優遇し、貧しい者たちの訴えを退けることでなされたと思われます。

さらに、指導者たち（富裕層）の日頃からの行状が二回繰り返して伝えられています。「災いあれ、朝早くに起きて麦の酒を求め　夜遅くまでぶどう酒に身を焦がす者に」（11節）。「災いあれ、ぶどう酒を飲むことでは勇者　麦の酒を混ぜて飲むことにかけては豪快な者に」（22節）。ここには朝から麦の酒（ビール）を飲み、夜はぶどう酒に溺れる指導者の姿が生々しく描かれています。イザヤ書3章でも触れられていたように、指導者たちがいかに腐敗していたかが分かります。

「神の計画」を侮る者

しかし問題の中心は、指導者たち（富裕層）の横暴や贅沢《ぜいたく》三昧の生活それ自体にあるわけではありません。最も包括的な言葉（20節「闇を光とし、光を闇とする」）と、最も具体的な言葉（8、23節「土地の独占と賄賂」）との間にこそ重大な問題があります。

それは18〜19節の言葉です。「災いあれ、空しいことを手綱《たづな》として　過ちを引き寄せ　綱で車を引くように罪を引き寄せる者に。彼らは言う。『イスラエルの聖なる方を急がせよ。その業を早く行わせよ。我々が見ることができるように。その方の計画を近づけ、実行させよ。そうすれば我々は認めよう』」。ここで当事者が言い放った言葉を引用する形で示されているのは、この歴史と現実に働く神の業、またその方の計画に対する決定的な嘲笑です。神への背信行為そのものです。また、「災いあれ、自らを知恵ある者と見なし　自分を賢いと考える者に」（21節）という言葉も18〜19節を受けています。

とりわけ「その方（神）の計画」（19節）という語は、預言者イザヤにとって最重要の事柄です。「イスラエルの聖なる方を急がせよ。……その方の計画を近づけ、実行させせよ。そうすれば我々は認めよう」。このような「神の計画」への嘲笑が、「災いあれ」と強く批判されているのです。

「神の計画」は必ず成る

では、何故イザヤは「神の計画」に対する嘲笑は、あってはならないと考えていたのでしょうか。それは、イザヤが「神の計画」という言葉によって、神による歴史支配を言い表しているからです。

まず、「神の計画」に関して肯定的な例をあげます。28章23〜29節の「農夫の知恵」と言われる部分です。「耕す者は、種を蒔くために　いつも耕すだけであろうか。その土地を起こして畝《うね》を造るだけであろうか」と語り始め、農夫はその時々にふさわしいことをなして地の実りを収穫することが描写されています。そして「これもまた万軍の主から出たことである。主は驚くべき計画を行われ　大いなる洞察を示される」と述べられています。これは耕作に関わる比喩によって、神は現実の歴史において「驚くべき計画」をもって臨んでおられるということを示します。

また「アッシリアの軛《くびき》」（14・24〜27）という箇所では、このように記されています。「万軍の主はこう誓われた。『私が意図したように事は実現し　計画したように事は成る』」。この言葉に続いて、神がアッシリアを倒すことが告げられ、そのことが「全地に向けて定められた計画である」、さらには「万軍の主は計画された。誰が覆せよう」と記されています。神の計画は着実に実行されるのです。

「人間の計画」の倒錯

それに対して人間が立てる計画は、倒錯したもの、神から出たものではないことを明示している箇所があります。29章15〜16節にはこう記されています。「災いあれ、謀《はかりごと》を主に深く隠す者に。彼らの所業は闇の中にある。彼らは言う。『誰が我らのことを見ているか。誰が我らのことを知っているか。』あなたがたの考えは逆様《さかさま》だ。陶工が粘土と同じに見なされるだろうか。造られた者が、それを造った者に言えるだろうか　『彼が私を造ったのではない』と。陶器が陶工に言えるだろうか　『彼には分別がない』と」。ここで「謀を主に深く隠す者」と訳されている「謀」は「計画」と同一の語です。ですから、ここでは5章18〜19節の「神の計画」とは対照的に、「人間の計画」が倒錯していることが大変分かりやすい譬えで表現されていると言えます。

さらに、一度取り上げた箇所ですが（本書57ページ参照）、30章1節にこう記されています。「かたくなな子らに災いあれ――主の仰せ。彼らは謀（計画）を巡らすが　それは私から出たものではない。

同盟を結ぶが　私の霊によってではない。こうして彼らは罪に罪を重ねている」。この言葉はイザヤの預言者活動の後期に、ユダ王国がエジプトに頼ろうとした時期に告げられたものですが、活動の初期における5章18～19節とやはり対照的に、「人間の計画」が批判され、神から出たものではないことが明示されています。

この二つの箇所（29・15～16、30・1）が同じ「災いあれ」という語で始まり、「人間の計画」の愚かさと過ちを示していることは、イザヤにとって「神の計画」が大変重要であり、それが「人間の計画」に対比されるものであることを示しています。

確かに、5章8～24節の六回の「災いあれ」というイザヤの言葉は多様な要素をもっています。しかし、イザヤのメッセージにおいて中心的なことは、「神の計画」を自分たちの考えや思いで蔑ろにすることが「災い」であり、「神の歴史支配に目を向けよ」と伝えることであったと思います。

箴言19章21節に「人の心にはたくさんの企て。主の計らい（計画）だけが実現する」という言葉があります。預言者イザヤがもしこの箴言を知っていたら、心からの賛意を示したことでしょう。

10　イザヤと聖なる神との出会い（6・1〜7）

イザヤが預言者活動を始めたのは、「聖なる万軍の主」との出会いによるものでした。「ウジヤ王が死んだ年」（前七三六年頃）、イザヤは神殿に詣で、神に礼拝を捧げていました。すると、高く上げられた玉座に神が座っておられるのが見えたのです。また、神と人間とを仲介するセラフィム（複数）が神の周りで「聖なるかな、聖なるかな、聖なるかな　万軍の主。その栄光は全地に満ちる」（3節）という賛美の言葉を互いに呼び交わしていました。イザヤが神殿に赴いたのは、これが初めてではないでしょう。おそらくエルサレムの宮廷政治に関わる者として（本書25ページ参照）、幾度となく神殿に出入りしていたと思われます。しかし、今回は違っていたのです。セラフィムの呼び交わす声によって、「敷居の基《もとい》が揺れ動き、神殿は煙で満ちた」（4節）。これは神が決定的な仕方で顕現する予兆です。

「ああ、災いだ」

他方、イザヤがウジヤ王の死んだ年に、神殿に詣で、聖なる神に出会ったことには、その時代的背景があります。

ウジヤ王が没すると内外に大きな問題が生じてきました。ウジヤ王は、北王国イスラエル（ヤロブアム二世）を含めるとダビデ・ソロモン以来の領土をほぼ取り戻し、繁栄の時代を築いた人物でした。しかし、そのウジヤ王の死により、内政上の困難（とくに経済格差・搾取）が表面化し、様々な問題にエルサレム及びユダ王国は直面することになったのです。また、その頃アッシリアが、東方からパレスチナ地方に侵攻を始めました。エルサレムとユダ王国もその例外ではありませんでした。つまり、ウジヤの死を契機に内政・外交とも大きな転換期、危機の時代を迎えていたのです。

イザヤはエルサレムの宮廷政治を担う者として相当な危機感をもっていたはずです。そのような状況の中で、イザヤが神殿の中で経験した「聖なる神」との出会いは印象的です。その直後にイザヤ自身が語っています。「ああ、災いだ。私は汚れた唇の者　私は汚れた唇の民の中に住んでいる者。しかも、私の目は　王である万軍の主を見てしまったのだ」（5節）。このイザヤの言葉にはいくつかの重要なことが含まれています。

まず、冒頭の「ああ、災いだ」という言葉です。旧約聖書では、神を見ることは死を意味しています（創世記32・31、出エジプト記19・21、33・20等）。

それゆえ、「ああ、災いだ」と叫ぶように言ったのです。しかし、それだけでなく「私は汚れた唇の者」と言っています。「汚れ」とは「聖なること」との対比で捉えることができますが、それは儀式的なことではなく、イザヤ自身のあり方に関わることです。すなわち、イザヤは宮廷政治の一翼を担う者であったが、その職務遂行にあたって大きな困難と破れを抱えていたと思います。それが「汚れ」と意識され、「私は汚れた唇の者」という言葉になったのです。広い意味で言葉を使う職業に携わる者は、その時々の自分の言葉や発言によって過ちを犯すことがあります。イザヤもまたそういう立場に置かれ、自分の「汚れ」に関して敏感であったと思います。

さらに、イザヤはその「汚れ」をエルサレムとユダ王国の人々、つまり民と共有していました。旧約聖書では「個と集団」が一つの人格と見なされることがあります。そのことと関係しますが、イザヤにおいては民もまた「汚れ」の中にあるという認識が強くあったのです。「聖なる神」の前にあって自分も、自分がその中に住む民も「汚れた」存在であるという認識が、後の預言者活動でも前提となっています。

そして、最後に5節の末尾は、イザヤの神観念を理解するために重要な文言です。「しかも、私の

目は　王である万軍の主を見てしまったのだ」。これは前述した「神を見ると人間は死ぬ」ということを語っていますが、それと同時に神は「王である万軍の主」であるということを明示しています。イザヤにとって、地上の現実の王は「汚れ」や「過ち」「罪」から自由な存在ではなく、それを超えた「万軍の主」こそ歴史を導く「王」であるということが明確に示されています。このことはイザヤが預言者として生きていく大きな転機となったと言えます。そして、そのことは預言者活動全体においても貫かれていきます。活動後期に由来すると思われる33章22節にはこのように記されています。「主こそ私たちを裁く方。主は私たちを指揮される方。主は私たちの王。この方が私たちを救われる」。

罪赦されたイザヤとその民の関係

さて、この叫びにも似たイザヤの言葉に応えたのは、セラフィムの一人でした。重要な箇所なので全文を書きだします。「すると、セラフィムの一人が私のところに飛んで来た。その手には祭壇の上から火箸で取った炭火があった。彼はそれを私の口に触れさせ、言った。『見よ、これがあなたの唇に触れたので　過ちは取り去られ、罪は覆われた』」（6〜7節）。これは、イザヤが神と出会って知った、滅びるばかりの自らの「汚れ」と過ちと罪を、神が取り去り、贖ってくださったことを端的に意味します。従って、従来の祭儀的伝統に基づく贖罪の儀式ではありません。実はここは原文では、7節の「あなたの唇」をはじめ「あなたの過ち」「あなたの罪」と常に二人称単数が付いています。すなわち、この贖いはイザヤ個人に与えられたものであることが明確にされています。この「聖なる神」との出会いによって自己の罪を深く認識し、かつその罪を赦された者にして、はじめて預言者として立てられるという基本線が、次の派遣の出来事に繋がっています（8節）。

また、ここで注目すべきは、イザヤが罪の問題について連帯意識をもっていた「神の民」の罪は、ここで取り去られているわけではなく、民は自らの罪を意識さえしてないということです。そこに預言者として立てられた後の使命の所在があると言えます。預言者の告知には、実に多くの「神の民」に対する「過ち」と「罪」の告発が含まれているのはそのためです。

一方、イザヤが民に対して神の側に立っているとは言えないでしょう。むろん、預言者は神からの告知を民に伝える存在です。預言者は神の言葉の伝達者です。しかし、それは預言者自身に大きな葛藤を呼びおこすことになります。イザヤは思いもかけない、「民を頑なにせよ」という神からの命を受け葛藤します（6・9〜11）。また、アモスは神の裁きを回避するために執り成しをしています（アモス書7・1〜6）。また、預言者エレミヤは神から告げられたことを語ること自体に困難を覚え、深く嘆いています（エレミヤ書20・7〜10）。

このような預言者たちの葛藤には、預言者が「口移し」のように神の言葉を伝えているのではないことが関係しています。神の語りかけを一度、預言者自身が自己の心において受け止め、それを適切に民に伝えるために、民の現実をよく見て言葉を発しているのです。

イザヤの場合、民との相違は、ただ「聖なる神」と出会っていることだけです。イザヤもまた神の前に「ああ、災いだ」と叫ばざるを得ない存在でした。そうだからこそ痛みも伴いながらも、民の現実に対して「災いあれ」（5・8～24等）と告げる存在になっていったのです。

11 イザヤの宣教の使命と、その困難（6・8〜13）

イザヤは神殿で「聖なる神」と出会い、その姿を見るという経験によって自らの「汚れ」「過ち」「罪」を知らされました。それは滅びと死に値することであったのですが、神からの使いであるセラフィムの一人によって罪を贖われたことが、6章前半に一人称の報告として記されています。

続いてこの後半部において、イザヤは初めて神の声を聞き、それに応答することになります。「その時、私は主の声を聞いた。『誰を遣わそうか。誰が私たちのために行ってくれるだろうか。』私は言った。『ここに私がおります。私を遣わしてください』」（8節）。

この神からの語りかけと、それに対するイザヤの応答は、極めて明確であり「召命記事」として典型的な形の一つです。確かに旧約聖書において、モーセやエレミヤのように神からの呼びかけに抵抗し躊躇《ちゅうちょ》する人々の姿も描かれていますが、イザヤの場合には、もうすでに神から派遣される準備がなされていました（6～7節）。イザヤは罪を赦された者として自発的に神からの呼びかけに応えたのです。ここから預言者としての活動が始まります。

イザヤに命ぜられた「頑なの預言」

しかし、その時、神が民に語るように命じたことは驚くべき内容でした。重要な内容なので、9～10節をそのまま引用します。「主は言われた。『行ってこの民に語りなさい。「よく聞け、しかし、悟ってはならない。よく見よ、しかし、理解してはならない」と。この民の心を鈍くし　耳を遠くし、目を閉ざしなさい。目で見ず、耳で聞かず、心で悟らず　立ち帰って癒やされることのないように』」。この神の命令は、すぐに納得できるものではありません。預言者は神の意志を民に告げ、民の現実を批判し、神に立ち帰らせることがその使命であると通常考えられます。イザヤも繰り返し民が神に立ち帰ることを述べていると言えます。しかし、ここでは正反対のことが神によって命じられているのです。このことをどう理解したらよいでしょうか。

近年でも多くのことが述べられています。まず、現代の旧約聖書神学の出発点となったフォン・ラートは、これを神の特別な救済史的行為であり、イザヤが語るように命じられた「最初の言葉」であって、「最後の言葉」ではないとしています。すなわち、イザヤに語られたいわゆる「頑なの預言」

は、そこから未来を展望する起点となった出来事であったとしています。しかし、これは6章の枠組みを超えた理解であり、難点があります。

そこで、最近の多くの人々は「回顧的理解」を採っています。すなわち、この「頑なの預言」はイザヤの召命の時に与えられたものではなく、イザヤが後の預言者活動の中で経験した失敗と挫折を反映したものであると言うのです。つまり、民の心が頑なになることは既に神が召命の時に述べていたことであるとします。しかし、果たして預言者イザヤがその自分の失敗を過去に遡って正当化したのでしょうか。疑問が残ります。また、6章の前半部(1~7節)と後半部(8~11節)を時期的に切り離して考えることは適切かという問題もあります。

他方、重要なポイントとして「この民の心を鈍くする(頑なにする)」という告知が、イザヤの他の箇所には見当たらないことに注目する立場があります。その場合、9~10節の神からの命令は、そのまま民に告げるものとしてではなく、イザヤの本来の預言者活動の結果として起こり得るものとして、あらかじめ神からイザヤに示されたものであるという理解が成り立ちます。すなわち、イザヤは自らの罪の自覚とその赦しに基づいてイスラエルの民に「神に立ち帰ること」を迫るが、その意図に反して民から拒絶されることになると告げられているのです。つまり、イザヤの「宣教の内容」ではなく、「宣教がもたらす効果」が語られ、イザヤにはそれと取り組む覚悟が問われているのです。それほど預言者活動は困難を極めたものであったと言えるでしょう。

例えば、召命を受けて数年後、イザヤは自分の「気をつけて、静かにしていなさい。恐れてはならない」（7・4）という警告にもかかわらず、アハズ王が神に立ち帰らない現実を経験します（7・12～13）。また、活動後期の「立ち帰って落ち着いていれば救われる。静かにして信頼していることにこそ　あなたがたの力がある」という呼びかけに対して、民はそれを望まなかったと記されています（30・15）。そのような結果を招かざるを得ない神の痛みと嘆きが9～10節に言い表されているのです。そのように考えると、「主よ、いつまでですか」（11節）というイザヤの反応が良く分かります。つまり、イザヤにとっても9～10節の言葉は召命を受けた時には十分に理解されず、未経験のことであったのです。

「頑なの預言」の限界

その「主よ、いつまでですか」という問いかけに対して、神は「町が荒れ果て、住む者がいなくなり　家には人が絶え　その土地が荒れ果てて崩れ去る時まで」と応えています。この時はもはや特定できませんが、少なくとも「この民の心を鈍くする（頑なにする）」という事態には限りがあることを示唆しています。それは続く12～13節に、後の時代に由来する文言が付されていることからも分かります。

原文を見ると、「主」と訳された言葉が11節まではアドナイだったのに対して、12節でヤハウェに変わっています。これは12～13節がある時点で書き加えられたことを意味しています。「主は人を遠くに移し　見捨てられた所がその地に増える」。これは直接、バビロン捕囚を指しているとは言えませんが、神による裁きの悲惨さと厳しさを表しています。さらに、「その中の十分の一は残るが　これも荒れるに任せられる」とあり、ユダ王国が破滅に至る事態が、何度となく11節の神の言葉と関係づけられて読まれていた可能性があります。そして、ついに捕囚の末期、あるいは解放後に、裁きではなく希望の言葉が記されることになりました。

「切り倒されても切り株が残る　テレビンの木や樫の木のように」とは木の生命力を表しています。木は切り倒されても、切り株が残っていれば再生します（ヨブ記14・7～9「木には望みがある。たとえ切られても、また芽を出し　その若枝は絶えることがない。……」）。そのことをメタファー（隠喩）として捉えて捕囚後の共同体は復興をめざしたのです。そして、最後の「聖なる子孫が切り株となって残る」とは、そのイメージの延長線にあります。紀元前後に書き記されたクムランのイザヤ書の写本も、この言葉を確実に伝えています。

「切り株」の希望

6章8～11節は、「誰を遣わそうか」という神の呼びかけと、イザヤの「ここに私がおります。私を遣わしてください」という応答から始まっています。しかし、神からの予想もしない「頑なの預言」告知があり、それに対してイザヤの「主よ、いつまでですか」という驚きと嘆きの応答がなされました。この神とイザヤの対話は印象的です。続いて記されている神の裁きは厳しさを増していくのですが、最後に「切り株」のイメージを介して希望のメッセージに至っています。その長い伝承の過程の起点に、イザヤの召命と使命の経験があったと言えるでしょう。

12 「静かにして、恐れるな」――王と預言者の対峙（7・1～9）

この箇所は6章とは違って、イザヤが三人称で登場していますが、基本的にイザヤ自身に由来するものです。しかも、かなり歴史的背景が明確であり、その時のユダ王国のアハズ王と預言者イザヤが、直接的に対峙する姿が描かれています。

列王記下16章5節からの引用によって、時代的背景が分かります（1節）。これはシリア・エフライム戦争（紀元前七三二年）と言われている事態にユダ王国が直面した時のことです。当時、古代オリエントの超大国であったアッシリアが本格的にパレスチナに進攻を開始していました。それに対抗するためにシリア（アラム）とエフライム（北王国イスラエル）が同盟を結び、アッシリアに対抗しようとしたのです。そして、南王国ユダにもそれに加わるように圧力をかけ、戦争となりました。一時期は「タベアルの子」（アラム系）という人物をエルサレムに王として立て、傀儡《かいらい》政権の樹立さえ企てたのです。

その当初のことが、2節に記されています。「アラムがエフライムと同盟したという知らせがダビデの家に伝えられると、王の心も民の心も、森の木々が風に揺れ動くように動揺した」。これはイザヤ書のみに記されていることですが、この時のアハズ王と南ユダ王国の民の状況を的確に描写しています。シリア（アラム）主導ではありますが、兄弟国である北王国イスラエルも反アッシリア同盟に加わったことは、ユダ王国にとっては衝撃的な出来事でした。

預言者と王の対峙

その状況の中で神は預言者イザヤに、アハズ王と面会して重要なことを伝えるように求めます。それは、まさに森の木々が風に揺れ動くように動揺しているアハズ王に「気をつけて、静かにしていなさい。恐れてはならない」（4節）と告げることでありました。「静かにして、恐れるな」というメッセージは、イザヤの告知に特徴的なことです（30・15、32・17等）。このメッセージは基本的に信仰的根拠に基づくものですが、アハズ王にとってこの危機の時に最も必要なことでした。

二つのことを指摘できると思います。まず、イザヤとアハズ王が面会した場所が「洗い場に至る大通り沿いにある、上貯水池の水路の端」（3節）となっています。この場所は軍事的に重要であり

（36・2参照）、また、エルサレムが攻囲された時には、水の確保のために必要不可欠な場所でありました。すなわち預言者イザヤは、最もふさわしい場所でアハズ王に会い、「静かにしていなさい」と警告を発したのです。

もう一つのことは、イザヤは「息子のシェアル・ヤシュブ」を伴ってその場所に赴いたことです。この息子の名前は「残りの者は帰ってくる」という意味です。「残りの者」という語は、破壊と再生を同時に言い表す概念です。たとえ破壊があったとしても、その後に僅かな者でも残っていれば、再生の希望があるという意味です。イザヤは息子に「シェアル・ヤシュブ」と名付け、少数ではあるが、その「残された者」の中から神に立ち帰る人々が必ず出現してくるという期待をもって、息子を伴ってアハズ王と対峙したのです。

ただし、この神が命じた、預言者イザヤとアハズ王の対峙は、ただ「気をつけて、静かにしていなさい」という警告を一方的に発しているわけではありません。そのように告げる根拠が示されています。4節後半で「アラムのレツィンとレマルヤの子」のことを「この二つの燃えさし」と呼んでいます。また、前述したようにアラムはエフライムと共謀して、エルサレムに傀儡政権を立てようとするのですが、「そのようなことは起こらず、実現もしない」（7節）と神は断言しています。

問われる王としての決断

以上のように神から命じられ、預言者イザヤはアハズ王と対面しました。戦争の危機が迫る中、王と預言者がこれほど緊迫した状況で対峙したことは、他の預言書に類例をみません。イザヤがかつて王宮政治の中で書記官のような役割を果たしていたことが、その王との対峙を実現させたのかもしれません。いずれにせよ、この直接的対面の場所の重要性や随行する者の存在、またアラムや北王国イスラエルの不穏な動きに直面していたユダ王国の状況は、アハズ王が、最も大切なメッセージを受け止めることができるように丁寧に描写されています。ですから、王は預言者の伝える「気をつけて、静かにしていなさい。恐れてはならない」という神からのメッセージを受けて、ここで動揺から脱し的確な対応をする可能性が十分にあったと言えます。

また、このことはアハズ王の個人の問題だけでなく、ユダ王国を治めるダビデ王朝（ダビデの家）に信仰的決断を神が求めることに繋がっています。8～9節「アラムの頭《かしら》はダマスコ、ダマスコの頭はレツィン……エフライムの頭はサマリア　サマリアの頭はレマルヤの子。あなたがたが信じなければ　しっかりと立つことはできない」。ここでアラムとエフライムが、あえて等置されています。本来、アラムとエフライム（北王国）は、異なる神を信じる民であり、他方、エフライムは南王国ユダと神信仰を共有していたはずです。だからこそ「あなたがたが信じなければ　しっかりと立つことはできない」と言われているのです。つまり、信じる神が異なる二国が同盟を結び、結託し南王国ユダを圧迫していることが根本的問題です。ダビデ王朝に属する人々はこの時こそ、神に対する信仰的態度を明確化しなければ、ユダ王国が立ち行かなくなるのです。大変に厳しくも、迫力のある言葉です。

呼びかけにもかかわらず

そのことに対するアハズの直接的な反応は記されていませんが、列王記下16章7～9節によれば、アハズ王はアッシリアに朝貢し、その軍事的支援に頼って危機を乗り越えようとしたことが分かっています。つまり「気をつけて、静かにしていなさい。恐れてはならない」という警告と呼びかけにもかかわらず、アハズ王は、「アラム（シリア）とエフライム（北王国イスラエル）」の軍事同盟を恐れ、超大国アッシリアの支援を取り付けるため奔走したのです。このことは神がイザヤに命じたユダ王国の王として取るべき態度と正反対のことでした。

アハズ王と預言者イザヤは、戦争が迫る危機の中で直接対峙しました。その中でイザヤは神の言葉を告げ、また二国の同盟の脅威に動揺する必要はないことを語りました。しかし、アハズ王は最大の脅威であったアッシリアにすり寄り、事態を乗り越えようとしたのです。

結果として、その動きを阻止することはイザヤにはできませんでした。しかし、預言者イザヤにとって最も重要な「神の計画」に反する「たくらみ」（5節、人間の計画）は、実現しないことをアハズ王は知ったのではないか、と思います。また「気をつけて、静かにしていなさい。恐れてはならない」「あなたがたが信じなければ　しっかりと立つことはできない」という神の言葉は、この預言者と王の対峙を介して、イザヤ書の読者に向けて語られていると言えるでしょう。

13 インマヌエルのしるし――その意味すること（7・10〜17）

このイザヤ書7章は、基本的に二つのストーリーから成り立っています。それは互いに関連性をもちながら展開されています。第一のストーリー（2〜9節）は、神から預言者イザヤへの語りかけです。神はイザヤに、アハズ王と対面し、アラム（シリア）とエフライム（北王国イスラエル）が戦争を仕掛けてくるが、「気をつけて、静かにしていなさい。恐れてはならない」と告げるように語ります。また、その二国の企ては実現されないと断言し、最後にアハズ王を含めた南王国ユダのダビデ王朝（ダビデの家）の人々が、神への信仰的態度を明確にすることを求めています（9節「あなたがたが信じなければ　しっかりと立つことはできない」）。

それに続いて第二のストーリーでは、まず神自身が直接、アハズに語りかけています。それは「あなたの神である主にしるしを求めよ」（10節）というものでした。しかし、アハズはそれを拒みます。

そこで、今度はイザヤがアハズ王に「聞け、ダビデの家よ。あなたがたは人間を煩《わずら》わすだけでは足りず、私の神をも煩わすのか」と語りかけます。そこで示されるのが「インマヌエルのしるし」です。イザヤ自身が続けて語ります。「それゆえ、主ご自身があなたがたにしるしを与えられる。見よ、おとめが身ごもって男の子を産み、その名をインマヌエルと呼ぶ」（14節）。

「しるし」を求めよ

この第二のストーリーの冒頭において、神はアハズ王に「しるしを求めよ」と語りかけていますが、「しるし」とは基本的に神によって守られるしるしです（創世記4・15、出エジプト記12・13等）。また、「あなたの神である主に」と明確にされているので、人格的関係に基づいて与えられる守護のしるしです。しかも「陰府の深みへと、あるいは天へと高く求めよ」とあるので、神が「陰府」も「天」も治めていることが前提とされています。

それに対するアハズの応答は形式的には、正しいものでした。「私は求めません。主を試すようなことはしません」と言っています。二番目の「試す」は自分のために神を利用することを意味します（出エジプト記17・2、申命記6・16）。しかし、ここでは神自身が「しるしを求めなさい」と語っているので、一見謙虚で「正しく」見える態度は、神の意志に反していることが分かります。

そのアハズ王の態度に対して、堪えかねたイザヤはおそらく強い調子で、アハズ王を含めたダビデ王朝の人々に語ります。もはやアハズ王個人のことに留まらず「ダビデの家」全体の問題となっているのです（7・9参照）。「聞け、ダビデの家よ。あなたがたは人間を煩わすだけでは足りず、私の神をも煩わすのか」。ここでイザヤは神を「私の神」と呼び、自分と神との人格的関係を強調し、他方では「ダビデの家」がユダの人々（「人間」）を動揺させていることを念頭に置いています。そして、神自身が与える「インマヌエルのしるし」について告げています。重要な箇所なのでもう一度引用します。

「それゆえ、主ご自身があなたがたにしるしを与えられる。見よ、おとめが身ごもって男の子を産み、その名をインマヌエルと呼ぶ」（14節）

この箇所を巡っては多くのことがこれまで論じられてきました。しかし、ここでは7章の二つのストーリー展開を踏まえ、この文脈に即して理解することにします。

「インマヌエル預言」の両義性

まず、この「インマヌエルのしるし」は、「しるしを求めよ」という神からの言葉に対してアハズ王が、それを拒んだことを契機に、預言者イザヤから提示されたものです。従って、アハズ王と神との関係に、またイザヤとの関係にも破れが走った時に示されたしるしです。アハズ王にとって、このしるしは裁きのしるしです。

「インマヌエル」とは「神は私たちと共にいる」という意味ですが、その「私たち」の中にアハズは入っていないと考えられます。そこで、この「私たち」とは誰かということが問題となります。参考になるのは、第一のストーリーに登場する「シェアル・ヤシュブ」というイザヤの息子の名前です。この息子の名前は「残りの者は帰ってくる」という意味であると記しました。「残りの者」という語は、破壊と再生を同時に言い表す概念です。その意味で両義性をもった名前です。「インマヌエルのしるし」も両義性をもっています。それは、アハズ王に対しては批判的ですが、それがダビデ王朝（「ダビデの家」）全体を否定することにはならず、神からその在り方を批判されながらも、「インマヌエル」という男の子の誕生がユダ王国の存続を約束する「しるし」として示されているのです。そこで、「見よ、おとめが身ごもって男の子を産み、その名をインマヌエルと呼ぶ」（14節）という文言の内容が明らかになります。

「おとめが身ごもって」とは何のことでしょう。「おとめ」（アルマー）というヘブライ語は、旧約聖書のギリシア語訳（七十人訳）では「パルセノス」（処女）と訳されています。しかし「おとめ」（アルマー）は、結婚していない若い女性（創世記24・43、出エジプト記2・8）、あるいは既婚の若い女性

（箴言30・19）を意味する語です。従ってこの「しるし」は、特異なことではありません。また、アハズ王および「ダビデの家」にとって重要な意味をもつことを考えると、ダビデ王家に属する女性であると理解するのが自然です。しかも、この「おとめ」には定冠詞が付いているので既知の女性であったと思われます。すなわち、ダビデ王家に新たに誕生する男の子が「インマヌエル」と呼ばれ、その成長がユダ王国を守る「しるし」となると、イザヤは告げたのです。

続く文章では、「その子が悪を退け善を選ぶことを知る前に」（16節）、アハズが恐れている二人の王の領土は奪われると記されています。つまり、「インマヌエルのしるし」は、アハズ王に代表される「ダビデの家」の在り方を鋭く批判しつつも、なおダビデ王朝が神によって守られユダ王国が存続するという約束の「しるし」であったのです。

「インマヌエル預言」の原点とその展開

このイザヤ書7章の二つのストーリーは、互いに関連性をもちながら展開していると冒頭で述べました。それを文脈に即しつつ関連づけると、「気をつけて、静かにしていなさい。恐れてはならない」（4節）という神の語りかけの根拠は、「インマヌエル」（神は私たちと共にいる）と呼ばれる男の子の誕生とその成長にあったと言えます。そして、この章の読者にとっては、人間の不従順（典型的にはアハズの姿勢）にもかかわらず、近い将来に与えられる救いの「しるし」が「インマヌエル」預言であることが了解できると思います。

最後にこの「インマヌエル」預言が、「メシア」預言として、特に新約聖書のマタイ福音書によって受け止められた経緯を見てみましょう。イザヤ書7章14節が近い未来の救いの「しるし」とされていることから、「インマヌエル」預言はそれ自体が、徐々にメシア預言と見なされていったと思われます。その過程で決定的な役割を果たしたのは、前述したように、ヘブライ語の「おとめ」（アルマー）という語を、七十人訳ギリシア語旧約聖書が「処女」（パルセノス）と訳したことです。そのことによって、「男の子」の誕生が明確に未来の出来事とされ、メシア預言として、特にマタイ福音書において重要なテーマとなっていきました。1章23節において、七十人訳からイザヤ書7章14節が引用され、続けて「これは、『神は私たちと共におられる』という意味である」と説明されています。マタイはこの「インマヌエル」ということを福音書全体のテーマとさえしています（マタイ28・20）。

マタイ福音書の場合、「インマヌエル」（神は私たちと共にいる）ということが、イエスがメシア（キリスト）であることの中心的意味ですが、それは何の問題もない無風状況に「メシア」が到来したということではなく、マタイ福音書2章に登場するヘロデというユダヤの王の現実の姿に対する批判、また不安を抱くエルサレムの人々への現実批判という性格を保持していたと言えるでしょう。

14 イザヤの挑戦と撤退――弟子たちのうちに教えを封じる（8・1～18）

この箇所において、再びイザヤが一人称で登場します。従来から6～8章は「イザヤの回顧録」と言われ、イザヤの自伝的要素を多く含んでいます。その中でも8章は、イザヤの言葉がいかに後代に伝えられていったかが分かる重要な章です。

まず、神の指示で、イザヤは大きな板に普通の文字で「マヘル・シャラル・ハシュ・バズのため」と書きなさいと言われ、二人の証人を立てて実行します。その後、イザヤは女預言者に近づき、彼女は身ごもり男の子を産みます。その子につけられた「マヘル・シャラル・ハシュ・バズ」という名前は、「戦利品は早く、略奪は速やかに来る」という意味で、その子が親に呼びかけることを知る前に、7章8～9節で取り上げたダマスコとサマリアが敗れ、その戦利品がアッシリア王の前に持ち去られると記されています。これは、自分の息子の名に託した預言者的象徴行為と言われます。また、この息子の命名は証人によって確認されているので、イザヤの文字と言葉が残る第一段階と言えます。

それに対して、結びの16〜18節では、イザヤがその弟子たちに「私は証しの書を束ね　教えを私の弟子たちのうちに封じておこう」と言っています。これはイザヤが実際に文字を書いて、それを弟子たちに託し、「封じた」ことを意味しています。ここにはイザヤの言葉が確実に伝承されていく過程が示されています。これとほぼ同様のことは、29章11節にも伝えられています（「あなたがたにとって、このすべての幻は封印された書物の言葉のようになった」）。

以上のように8章ではイザヤの言葉が重要視され、6〜8章の「回顧録」をはじめ預言の言葉が、後代に、特に弟子たちによって伝えられていったことを知ることができます。

イザヤの言葉、それへの反発

さて、1〜4節は預言者的象徴行為であると言いましたが、そこではまだ起きていないことを、証人を立て文字で記し確認させ、しかも7章の「インマヌエル」の誕生・成長が象徴する期間（7・16）よりも短い期間で、つまりその男の子が「お父さん、お母さん」と呼ぶことを知らないうちに、ダマスコの財産とサマリアの戦利品がアッシリアに持ち去られると告げられています。従って「マヘル・シャラル・ハシュ・バズ」の誕生・成長は、シリア・エフライム戦争の脅威が去り、ユダ王国の危機的状況が短くされることを示しています。イザヤは、この象徴行為によって、アッシリアに頼る必要はさらにないことを示したと言えます。

続く5〜8節では、同様の歴史的状況において、ユダ王国の揺れ動く姿がありのままに描かれています。「この民は緩やかに流れるシロアの水を拒み　レツィンとレマルヤの子の前に恐れ崩れる」(6節)。シロアの水とはエルサレムの町の水源であり、それを拒むことは、神を拒むことの比喩です。実際に、エルサレムにおいて、その二国の王たちに連動する動きがあったのかもしれません。しかし、ここで明確に対比されているのは、「シロアの水」と「大河の激しい大水」です。後者はユーフラテス河流域を拠点とするアッシリアの勢力を示しています。その「大河の激しい大水」はユダ王国の中にもみなぎり、脅威であり続け、アッシリアに頼ることは悲惨な事態となることが警告されています。

その後に、「インマヌエルよ　その広げられた翼はあなたの国土を　隅々まで覆う」(8節)と記されています。この部分の解釈は少し難しい面があります。しかし、「インマヌエルよ」という二人称単数の呼びかけがあり、内容が「その広げられた翼はあなたの国土を　隅々まで覆う」とあるので、7章14節を受けて、ユダ王国を守るという神の約束が語られているのだと思います。すなわち、アラムとエフライム、さらにはアッシリアの脅威による危機から守るということです。

ここまでが、シリア・エフライム戦争の終結に至るまでの預言者イザヤの言葉と行動だと思われます。その姿勢は神の計画を信じて、反アッシリア同盟に加わらず、またアッシリアに対しても朝貢などしない、まさに「気をつけて、静かにしていなさい。恐れてはならない」という路線でした。しかし、このような預言者イザヤの現実世界への批判的・挑戦的な言葉に、当然反発がなかったわけではありません。そのことが記されているのが、11節以下の文言であると思われます。

「主は強い手で私を捕らえ、この民の道を歩まないように警告してこう言われた」という言葉ではじまる文言は、直接、ユダ王国の民に語られたのではなく、イザヤとその弟子たちに向けられたものです。そして、「この民が陰謀と呼ぶものを　何一つ陰謀と呼んではならない。彼らが恐れるものを恐れてはならない　おののいてはならない」と言われています。

この「陰謀」と呼ばれているのは、ほぼ確実に預言者イザヤが提唱していた、反アッシリア同盟に加わらず、またアッシリアの軍事支援にも頼らない姿勢のことです。その対外政策をイザヤの「陰謀」とし、現実主義的でないと見なしていた人々が「この民」の中にいたのです。そのような勢力、つまり「この民」（ユダ王国民）の道に従ってはならないことを、神はイザヤを通してその弟子たちに警告しています。この預言者イザヤと弟子たちのグループの存在は、16～18節に明確に記され、イザヤの言葉の共鳴板としての役割をもっていました。

さらに、イザヤの言葉と行動を「陰謀」と見なす人々に対して、神はこれを批判し、これまで行われてきた聖所における伝統祭儀ではなく、神自らが「聖所」となって真実を示すと語られています。このことは南ユダ王国だけではなく、北王国にも妥当します。「主は聖所となる。だが、イスラエルの二つの家にとっては 妨げの石、つまずきの岩となり エルサレムの住民にとっては網と罠となる」（14節）。つまり、神自身が「聖所」となり預言者にその言葉を告げさせていると信じる者にとっては、イザヤの言葉は「陰謀」とは見なされないが、そうではなく伝統祭儀に固執する人々にとっては「聖所」は妨げの石、つまずきの岩となります。とりわけ、エルサレムの住民にとってそうであると語られています。このことはイザヤにとって極めて厳しい状況です。自らの言葉と行動が「陰謀」とされ、神の言葉も現実には届いていないことに、預言者として絶望せざるを得なかったと思います。

預言活動からの撤退と、預言伝承の文書化

そのことがあり、イザヤは一時期、表だった預言活動から撤退したようです。そして、これまで受けた「神の言葉」を、一度弟子たちのうちに「封じた」のです。「私は証しの書を束ね 教えを私の弟子たちのうちに封じておこう」（16節）。ここで封じられたのは、神の裁きの言葉が多かったと思われます。神がエルサレムの王に対して、またユダ王国の民に対して語られたことは、現実批判として7〜8章に記されています。そして、預言者イザヤがこれまでの預言活動から撤退したことは決して

消極的なことではなく、その裁きと警告の言葉を残すことによって、「神の言葉」が真実であったことを証明するためでした。そのことがイザヤの言葉の本格的な「文書化」の始まりとなったのです。

また、イザヤが全く絶望して預言者活動から撤退したわけではないことは、17節の文言から明らかです。「私は主を待ち望む。ヤコブの家から御顔を隠されていても　私は主に望みをかける」。つまり、統治者たる王やそれに同調する民の「背信行為」を文書化することは、後の時代にそれが生かされるという展望なしにはできません。イザヤがあえて表だった活動から撤退したのは、なお将来における「神の働き」あるいは「神の計画」に信頼していたからです。

さらに、イザヤにはその証しと教えを「封じて」託す弟子たちの共同体が存在していたことの重大さは特筆すべきことです。その弟子たちの働きによってイザヤ書の基礎が形成されたと言えます。しかも、18節によれば「見よ、私と、主が私に与えてくださった子たちは、シオンの山に住まわれる万軍の主によるイスラエルのしるしと奇跡である」と記されています。すなわち、イザヤの息子である「シェアル・ヤシュブ」と「マヘル・シャラル・ハシュ・バズ」は、その弟子たちの共同体の中で神の裁きを示しつつ、神が切り拓く未来への希望を証しする「しるし」であったと言えます。

預言者とその弟子たちの共同体は、「神の言葉」に基づく預言者の語りを「文章化」して保存するだけではなく、希望の共同体としてイザヤの活動を支えたのです。

15　終わりなき平和（8・23〜9・6）

イザヤ書1〜39章には、「メシア預言」とされてきた箇所があります。具体的に言えば「インマヌエル預言」（7・12〜17）、「終わりなき平和の預言」（8・23〜9・6）、「エッサイの切り株の預言」（10・33〜11・5）です。メシアとは「油注がれた者」という意味で、王、祭司、預言者に関する称号として用いられています。その中でもイザヤの預言の場合、終末論的な内容を有していると判断される場合に使用されています。また、この三つの箇所には「メシア」という語は直接使用されていないので、個々のテキストの歴史的分析、文脈の理解、さらにはその影響史的考察が必要とされます。

「終わりなき平和の預言」と「インマヌエル預言」

そのイザヤの「メシア預言」とされている今回の「終わりなき平和の預言」の場合、文脈上、7章で扱った「インマヌエル預言」が近い将来に実現することになっていることから、その成就と理解されてきました。すなわち、9章5節「一人のみどりごが私たちのために生まれた。一人の男の子が私たちに与えられた」のは、7章14節「おとめが身ごもって男の子を産む」「インマヌエル（神は私たちと共に）という名を与えられる」の実現とされてきたのです。

しかし、両者の関係は必ずしも直接的なものではなく、8章23節～9章6節はそれ自体、独立した内容をもち、ある特定の歴史的背景をもち、文学類型上は「感謝の歌」として提示されています。そこで、この箇所の構成を順次見てみましょう。

まず、8章23節はこの箇所の歴史的枠組みです。「先に」という語と「後には」という語が対比され、大きな変化が生じたことが示されています。前述のシリア・エフライム戦争後の状況が反映されています。「ゼブルンの地とナフタリの地」は、ほぼガリラヤ地方にあたり、アッシリアによって占領された地域を念頭に置き、その北王国イスラエルの領地が奪われたことを示しています。しかし「後には、海沿いの道、ヨルダン川の向こう　異邦人のガリラヤ」に栄光が与えられると述べられています。この三つの地域はシリア・エフライム戦争後アッシリアによって占領され、属州とされてしまったのですが、しかし、将来その地は回復されるという希望が語られています。

つぎの9章1～4節が「感謝の歌」の本体です。「闇の中を歩んでいた民は大いなる光を見た。死の陰の地に住んでいた者たちの上に光が輝いた」（1節）。極めて印象的な言葉です。「死の陰の地」は詩編23編の語と同じです。すなわち、単なる暗さではなく、死の危険にさらされている状況を示しています。従って、大国の脅威に苦しむだけでなく、占領され、属州民として常に死を意識しなければならない現実を意味しています。そのような状況にある人々の上に「光が輝いた」のです。このことは、8章23節の北王国イスラエルの地域を念頭に置いた「闇から光」への「変化」が、南王国ユダの民にも訪れることを示しています。それは具体的には、神が国民を増やしてくださることでした。そのことを喜び、感謝しているのがこの歌です。2節b〜4節には比喩的な表現も含めて、いかに神がなされたことが大きなことであるかが「収穫の譬え」、また「ミデヤンの日」（士師記7章）の故事を引き合いに述べられています。

新しい王の誕生と即位

他方、この「感謝の歌」の最終的な根拠は5節の内容です。「一人のみどりごが私たちのために生まれた。一人の男の子が私たちに与えられた」。もちろんこの節は、誰のことであるかは明示されていませんが、重要人物が「私たちに」与えられたことを告げています。しかも、「主権がその肩にあり」とあるので、この男の子は将来王として即位をする存在です。詩編2編の「王の詩編」において、神が告げる「あなたは私の子。私は今日、あなたを生んだ」という養子縁組の表現を用いて新しい王の即位が描かれていますが、この節においても「新しい王となるべき男の子の誕生」と「新しい王の即位」が結び合わされています。従って、王である称号として、様々な名称が5節の最後に記されています。その内容を見てみましょう。

即位する「新しい王」は四つの称号で呼ばれています。「驚くべき指導者」「力ある神」「永遠の父」「平和の君」。この最初の三つの言葉は従来から、神についてのみ用いられています。「驚くべき指導者」は「驚くべき計画者」とも訳され、特にイザヤにとってはイスラエルの歴史における「神の計画」を示す時に用いられています（14・24、27、19・12、23・9）。次に「力ある神」の「力ある」は、まさに神に関する形容詞です（10・21）。さらに「永遠の父」も神に関する称号です。「父」という語は、地上の王に関しては用いられず、「造り主なる父」（申命記32・6）、「主よ、私たちの父よ」（イザヤ書63・16）という仕方で神に関して用いられています。

他方、四番目の「平和の君」は、地上の王にも用いられ得る表現です。すなわち、王は特に「平和」に責任を負う職位であり、現実の人間としての王が自ら実現すべき課題がまさに「平和」であると言えます。

王の課題としての「平和」

この「平和」の実現という視点から「新しい王」に与えられる称号の意味を考えることができます。それは、王自身が「驚くべき指導者」「力ある神」「永遠の父」であるということではなく、神からその「指導者」「力」「父」「平和」の実現という課題と機能が付与されているということです。その中でも平和のモティーフは、6節において繰り返され強調されています。

「その主権は増し、平和には終わりがない」(6節)。この言葉は印象的です。また、公正と正義によって「ダビデの王座とその王国」は将来支えられるとも記されています。

このような存在は果たして誰をさすのでしょうか。様々な可能性があります。最初の三つの称号は神に関して用いられ、平和にしても「終わりがない」とされ、さらには「公正と正義によって」ダビデの王座は「今より、とこしえに」支えられると記されています。これは極めて破格な人物像です。確かに、この「新しい王」の候補者として、列王記で高く評価されているヒゼキヤあるいはヨシヤが考えられますが、七十人訳聖書の「偉大な計画の使者」(Messenger of Great Counsel)という訳語を経て、「来るべき救いをもたらす人物(メシア)」という理解に対しても開かれていったのだと思います。

総じて、シリア・エフライム戦争の結果、北王国イスラエルは勿論のこと、南王国ユダも疲弊し、国境をアッシリアの属州に接するに至りました。「闇の中を歩んでいた民は大いなる光を見た」とは

10月刊行予定

使徒言行録を読もう
川﨑公平

闇のなかに光は輝き クリスマスの黙想24
平野克己 編

皆川達夫セレクション **音楽も人を救うことができる**
皆川達夫　樋口隆一 編

VTJ 旧約聖書注解 **列王記上 12〜16章**
山我哲雄

編集者イチ推しの本『信徒の友』掲載分より

牧師とは何か

越川弘英／松本敏之 監修

●A5判 並製・386頁・定価5,060円《2013年4月刊》

日曜日以外、牧師は何をしているんだろう?——って思いませんか。私は思いました。それで本書の企画編集に関わりました。

牧会・神学教育の最前線にいる牧師たちが、さまざまな角度から牧師の働きに光を当てています。

教会のリーダー、礼拝者、説教者、牧会者、カウンセラー、伝道者、証し人、地域住民、教育者、管理責任者。こうした牧師が持つ多彩な役割について、ひとつずつ具体的に、丁寧に説明されていくのです。こういう本を私は待っていました!

私はこの本を作って「牧師の仕事とはこういうものなのか」と私なりに理解しました。印象的な記述がたくさんあり、私の書架にある本書は線だらけです。牧師と共に教会に生きる信徒のみなさんにも、ぜひ読んでいただきたい本です。神学生へのプレゼントにも最適です。(土肥)

ナウエン・セレクション《第6回配本》

平和の種をまく　祈り、抵抗、共同体

ヘンリ・ナウエン　渡辺順子 訳　徳田 信 解説

「平和をつくる者とならずにキリスト者でいることなど、誰にもできない」とナウエンは断言する。今こそ私たちは、イエス・キリストに従う者として、「恐れの家」を出て「愛と平和の家」へと歩みだそう。20世紀を代表する霊的指導者ナウエンが、平和のつくり方を論じる注目の書。

●四六判 並製・192頁・定価2,420円《7月刊》

たからさがし

神さまからの不思議なおくりもの

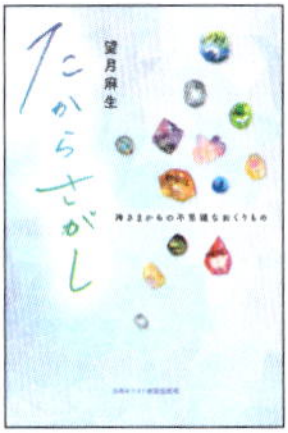

望月麻生

たからのありかは、極めてありふれた日常に。『信徒の友』の「みことばにきく」などの連載記事16本を大幅に加筆修正し、書き下ろし8本を加えた気づきと癒やしの珠玉エッセー集。安らぎと希望にあふれた本書は、お見舞いや訪問時のプレゼントにも最適。

●四六判 並製・120頁・定価1,540円《7月刊》

月曜日の復活

「説教」終えて日が暮れて

塩谷直也

前編には説教を準備する上で著者が大切にしていることや、オンライン説教の作り方に関する文章を収録。後編は説教に苦闘する説教者が一週間で経験する心の動きを丹念に追った書き下ろし。「説教」に苦しみあえぐすべての人に贈る、深い慰めのメッセージ。

●四六判 並製・128頁・定価1,540円《6月刊》

イザヤ書を読もう 上

最新刊！

ここに私がおります

大島 力

旧約聖書を代表する書物のひとつ、イザヤ書。新約聖書にも数多く引用され、古代教会では「第五の福音書」と呼ばれた。このイザヤ書の専門家であり、熟練の説教者である著者が、イザヤ書の前半（1〜39章）を、30回にわけて信徒向けに丁寧に読み解く。イザヤ書通読のための必携書！

●四六判 並製・208頁・定価2,640円《9月刊》

皆川達夫セレクション

ルネサンス古楽の記譜法

白符計量記譜法入門

皆川達夫　**樋口隆一／宮崎晴代** 監修

15・16世紀ルネサンス音楽で使用された「白符計量記譜法」の解読は、五線譜に慣れ親しんだ現代人には難しい。長年中世音楽合唱の普及に尽力した西洋音楽史学者が、ルネサンス期の楽譜を原典で歌う上で必須の知識を、豊富な実例・譜例を交え初学者向けに解説。

●B5判 上製・64頁・定価3,080円《8月刊》

信仰生活ガイド 全8巻《第2期最終回配本》

苦しみの意味

柏木哲夫 編

人生に襲いくる数々の苦しみ。こうした苦しみに出会うと多くの人は不運を嘆き、人と社会を呪う。しかし聖書は「苦しみという他者」と向き合うことこそ乗り越える唯一の道であると説く。様々な実体験を紹介しながら読者と共に「あなたの苦しみの意味」を考える。

●四六判 並製・128頁・定価1,540円《8月刊》

日本キリスト教団出版局

新刊案内

2024.9

これまでの歩みを振り返り、未来への歩みを始める信仰者のためのノート

未来への言葉

クリスチャン・エンディングノート

最新刊！

髙橋貞二郎／増田 琴 監修

信仰者にとってのエンディングノートは単なる終活のための備えではない。ノートを書く瞬間から未来に向かってどう生きるかを考えること、つまり「スターティングノート」である。それも、今までの歩みを振り返りつつ、未来に向かって歩むためのノートである。

●B5判 並製・64頁・定価1,430円《9月刊》

〒169-0051 東京都新宿区西早稲田 2-3-18
TEL.03-3204-0422　FAX.03-3204-0457
振替 00180-0-145610　呈・図書目録
https://bp-uccj.jp
（ホームページからのご注文も承っております）
E-mail　eigyou@bp.uccj.or.jp
【表示価格は消費税 10%込みです】

その民がもう一度回復されることを意味しています。そのことをもたらす「王的人物」は、その時の現実の王ではなく、それを遥かに超えた破格な人物です。従って5〜6節に記されている人物像は歴史的に確定できませんが、「終わりなき平和」を将来において実現する、現在の王の「反対像」としてここに提示されていると言えるでしょう。

その後の展開

この歴史的には未確定であることが、後に七十人訳聖書を介して、新約聖書において「メシア」としてのイエスの活動（宣教）開始の場面で引用されることになったのです。マタイ福音書は4章15〜16節においてイザヤ書8章23節〜9章1節を巧みに引用し、イエスの公的な活動の開始とし、イエスはその時から「悔い改めよ。天の国は近づいた」と宣べ伝え始めたと記しています。その直接的なきっかけは、洗礼者ヨハネが領主ヘロデに捕らえられたことであったのは重要な点です。イザヤを通して伝えられていることと呼応しています。すなわち、イザヤは、現実政治を担う者たちが「闇」をもたらし、民を苦しめたが、「新しい王」の誕生とその即位によって「光」が輝いたという「大きな変化」を告げたのです。その意味で、イザヤの「メシア預言」は、後のイエスの「メシアとしての活動」の転機を描くことに見事に用いられていると言えます。

16　北王国への裁きと、南王国の現実（9・7～10・4）

イザヤ書を通読する読者は、イザヤ書5～10章の内容が全体として多岐にわたり、分かりにくいという印象をもつかもしれません。そこで、この部分がどのような構成になっているのか見てみたいと思います。

まず、最初の出発点は、5章1～7節の「ぶどう畑の歌」です。その内容を受けて、前回扱った8章23節～9章6節の「終わりなき平和の預言」があります。両者は「公正と正義」の欠如と、未来における「公正と正義」の回復という対応関係にあります。この二つの箇所を基本として、その間に、二つのリフレインが配置され、その中に「イザヤの回顧録」が収録されています。これはイザヤ以降の時代の編集であり、おそらくバビロン捕囚前後に由来するものです。イザヤ伝承は周到に収集され、編集されて現在の形になっているのです。

その前後に明確に見られるリフレイン詩（同一のフレーズの繰り返し）と「イザヤの回顧録」の関係は次のようになっています。

A　「災いあれ」の告知（六回）　5章8～24節
　B　「それでもなお、主の怒りは去らず　その手は伸ばされたままだ」（一回）　5章25節
　　C　イザヤの回顧録　6章1節～8章18節
　B′「それでもなお、主の怒りは去らず　その手は伸ばされたままだ」（四回）　9章7節～10章4節
A′「災いあれ」の告知（一回）　10章1～4節

この部分に明確な編集の手が加えられていることは確かです。全体が「イザヤの回顧録」を囲い込んでいます。そこで今回の9章7節～10章4節のテーマは何かということが問題になります。「イザヤの回顧録」はイザヤ自身か、あるいはその弟子たちによって書き記されたものです。それが最終的に現在の形になったのは後代だとしても、基本的には、前述のシリア・エフライム戦争前後を背景としています。その後の状況に関しては、前回の「終わりなき平和の預言」のところで少し触れましたが、アッシリアはシリアを滅ぼし、また北王国イスラエルも、首都サマリアを中心とする地

域以外はアッシリアの属州となってしまいました（8・23参照）。ただし、それで最後ではなく、北王国は「それでもなお」神の裁きのもとにあるということが、9章7節以下のリフレイン詩の基調音です。

四回のリフレイン詩が意味すること

まず、第一のリフレイン詩（7～11節）において、「エフライムとサマリア」に住む者の高慢さが指摘され、「主はその民に対して　苦しめる者レツィンを興し　その敵を奮起させる」（10節）と記されています。「レツィン」はシリアの王であるので、その敵とはアッシリアのことです。神は裁きの手段として、アッシリアを「奮起させる」というのです。そして、「それでもなお、主の怒りは去らず　その手は伸ばされたままだ」と結ばれています。

また、第二のリフレイン詩（12～16節）においては、「この民を導く者は迷わす者となり　これに導かれる者は惑わされる者となった」（15節）とあり、北王国の内政的混乱が取り上げられています（3・1～3を参照）。そして、第三のリフレイン詩（17～20節）においては、「マナセとエフライム」が争うとあります。これは北王国イスラエル内での内戦状況を示しています（マナセとエフライムは近隣同族）。さらに第四のリフレイン詩（10・1～4）においては、再度、権力者による弱者への圧迫が取り上げられ、「あなたがたはどうするつもりなのか」という問いかけがなされています。

この一連のリフレイン詩は北王国イスラエルに対して神の裁きを告げています。繰り返し「それでもなお、主の怒りは去らず　その手は伸ばされたままだ」と記され、いかに預言者イザヤが、国土が縮小されたとは言え、北王国イスラエルの現状を憂い、警告を発しているかが分かります。

北王国への裁きと南王国への警告

それではなぜ、このような「神の裁き」が続いていることが強調されているのでしょうか。もちろん、それは北王国イスラエルが外国勢力シリア（アラム）と同盟をし、南王国ユダを攻め、結局はアッシリアによる侵略を許したことによります。しかし、この四回のリフレインは、それだけでなく北王国の多岐に亘る問題を取り上げています。指導者層の混乱、民が神を求めなくなった背信行為、また社会的矛盾等です。そうするとこの問題は北王国だけのことではなく、南王国の現実でもあったことに気が付きます。とりわけ、前述のイザヤ書3章および、典型的には5章8〜24節が、同様のことが南王国においても起きていたことを報告しています。従って預言者イザヤが北王国イスラエルを批判することは、同時に兄弟国である南王国の現実を批判することに繋がっていると言えるでしょう。このことは、例えば日本において、第二次大戦下におけるナチズムに関する批判的言及（南原繁、等）が、間接的に絶対天皇制下における軍国主義への批判であったことに似ています。イザヤは兄弟国イスラエルの現実を嘆くと同時に、自らが住んでいるエルサレムとユダ王国の今後のあり方への批判を込めて、一連のリフレインを綴っていると言えます。

このような読み方が可能である根拠は、最初に掲げた5章から10章の構成が示しています。まず、5章8～24節の「災いあれ」のリフレイン詩は、南王国の内政的問題を明らかにしています（A）。それに引き続き25節に「それゆえ、主はその民に対して怒りを発し　御手を伸ばし、彼らを打たれた。……それでもなお、主の怒りは去らず　その手は伸ばされたままだ」と記されています。この時点では「その民」とは南王国ユダを指しています（B）。

しかし、「イザヤの回顧録」（C）を挟んで、9章7節～10章4節の連続四回のリフレイン詩では、これも明らかに「この民」（9・8、10、12、15、18、「私の民」10・2）とは北王国イスラエルのことを指し、その神の裁きは継続していることが語られています（B）。5章25節を含めた合計五回のリフレインは、相互に密接な関連があることを示しています。しかも、興味深いことに、最後のリフレイン詩には、冒頭に「災いあれ」という語が付されています。「災いあれ、不正な掟を定める者　苛酷な判決を書き記す者に。彼らは弱い者の訴えを退け　私の民の苦しむ者から権利を奪う。寡婦を餌食とし、孤児を獲物とする。……それでもなお、主の怒りは去らず　その手は伸ばされたままだ」

（10・1～4、A´）。この「災いあれ」で始まる詩は、5章8～24節の南王国の内政批判と軌を一にする内容です。すなわち、10章2節の「私の民の苦しむ者」とは、むろん現在の繋がりでは北王国を指していますが、5章8～24節のリフレイン詩の繋がりを考えると、南王国と読み替えても違和感がありません。

すなわち、イザヤが北王国への裁きを語る時には、一方的な非難としてではなく、同じことが南王国の現実でもあることを常に念頭に置きながら語っていることが、二つのリフレイン詩の繋がりから明確に言えます。また内容的にも、両者（5・8～25と9・7～10・4）の関係が認められます。その意味で預言者イザヤは、本来同じ神を信じている北王国の民を、南王国の民と同様に「神の民」と捉える視点を決して忘れなかった、広い意味での「全イスラエル」の預言者であったと言えます。

17 災いあれ、私の怒りの鞭であるアッシリアに（10・5〜15）

古代イスラエルの預言者は、現実の歴史の中で活動を展開しました。それゆえ、その預言者の個性や活動地域によって多様性があります。しかし、歴史における神の働きに関しては共通点があります。現代の旧約学を切り拓いたフォン・ラートという人は、今回の箇所について「他のどのテキストよりも、預言者的歴史観を認識させるものである」として注目しています。

その一つは、神は他国の勢力（多くの場合、その時代の超大国）を用いて、イスラエルを裁き、また救う歴史観ということです。この箇所に即して言えば、北王国にとってアッシリアは最大の脅威であり、また南王国にとっても同様でした。神はそのアッシリアの勢力をもって北王国と南王国を裁き、双方に警告を発していました。しかし、その裁きの手段としてのアッシリアの力は無際限ではなく、神から委託された範囲を超える場合には、むしろ逆に「災いあれ」という仕方で批判されることが示されています。「災いあれ、私の怒りの鞭《むち》であるアッシリアに。その手にある杖は私の憤り」（10・5）とはそのような事態を言い表しています。つまり、神は一度、アッシリアを自らの「怒りの鞭」として用いたが、その役割をアッシリアは逸脱しているので神から批判されているのです。その内容が、神とアッシリアが一人称で登場するテキストにおいて描かれています。その具体的なやり取りを見てみましょう。

「怒りの鞭」としてのアッシリア

まず、6節はアッシリアが神の「怒りの鞭」としての役割を果たしていた時のことを記しています。「私は神を敬わない国に彼を遣わし　私の怒りを買った民に対して、彼に命じる」。この節の「神を敬わない国」「怒りを買った民」とは北王国イスラエルのことです。北王国を「神を敬わない国」と呼ぶこと自体、驚くべきことです。なぜなら、北王国の民も南王国の民も、同じ神を信じていたからです。しかし、前回の第二のリフレイン詩の9章16節に「すべての者が神を敬わない者となり、悪を行い」とあるので、とりわけ北王国の内政的混乱が背景にあり、そのことが神の裁きの理由として考えられます。

そこで、アッシリアは神から「戦利品を取り、略奪品を手に入れよ。路上の泥のようにそれを踏みにじれ」と命じられます。この表現は、8章冒頭の「マヘル・シャラル・ハシュ・バズ」というイザヤの息子の命名によって示されたことに近く（本書102ページ参照）、事実、「サマリアの戦利品は、アッシリアの王の前に持ち去られる」（8・4）ことが再び現実に起ころうとしていたのです。しかし、アッシリア王はその程度には考えていませんでした。「しかし彼はそうしようとは思わず　心にそうした考えもなかった。むしろその心にあるのは破壊すること　多くの国を滅ぼし尽くすこと」（7節）。つまり、アッシリアは神からの委託を踏みこえて、無際限の侵略を行おうとしていたのです。このことが、「災いあれ、私の怒りの鞭であるアッシリアに」という告知の理由です。

さらにアッシリアの王は「私の高官たちは皆、王たちではないか」と語り、これまで征服してきた諸都市を北から南に列挙しています。カルノ、カルケミシュ、ハマト、アルパド、ダマスコ、そしてサマリアの名前さえ挙げられています。この時点でもうすでにサマリアが陥落し、北王国は滅んでいたのかもしれません（紀元前七二二年）。いずれにせよ、アッシリアは無際限の侵略を繰り返し、ついに「また、サマリアとその偶像に行ったように　私は必ずエルサレムとその彫像に行う」とまで語っています。アッシリアの側から見れば、侵略戦争はその諸都市の「神々たち」との闘いであって、それは「エルサレムの彫像」にまで及ぶと言っています。

もちろん、神とアッシリアの王が、このような文字通りのやり取りをしているわけではありません。

6～11節における神とアッシリアの王との対峙は、預言者イザヤが描きだした想像上の対話です。しかし、このことが長年、アッシリアの脅威にさらされてきた南王国の民に、この事態に神が介入してくださるという安心感を与え、さらなる脅威への警告ともなっていることは事実です。またアッシリアの王が無際限の侵略を推進する姿はアイロニカルでさえあり、南王国が今後どのような対外政策を取り得るかが実は問われているのです。

さらに、13～14節において、アッシリアの王の言葉が引用文として記されています。「私は自らの手の力で行った。自らの知恵で賢く振る舞った」（13節）と述べ、その諸国民への侵略政策の様子が活き活きと描き出されています。14節の表現はその典型です。「私（アッシリア王）は鳥の巣を手に入れるように　もろもろの民の富を得た。捨てられた卵をかき集めるように　私は全地をかき集めた。その時、翼を動かす者はなく　くちばしを開いて鳴く者もいなかった」。当時のアッシリアの勢いがよく伝わってきますが、そのようなイメージ豊かな描写は、イザヤが南王国の民に最大限の警告を発するという効果をもっていたと言えるでしょう。

神の支配のもとにあるアッシリア

そして、最後にこの部分のまとめが記されています。それは知恵の伝統に根差した印象的な文言です。「斧がそれを振るう者に向かって誇れるであろうか。のこぎりがそれを引く者に向かって 威張ることができようか。それは、鞭がそれを振り上げる人を使い 杖が人を持ち上げるのに等しい」（15節）。これは的確な比喩であり、この部分の結びとしてふさわしい言葉です。なぜなら、10章5節に記されているように、アッシリアはもはや「神の怒りの鞭」「神の憤りの杖」としての役割を逸脱し、あたかも「斧がそれを振るう者に向かって誇り」「鞭がそれを振り上げる人を使う」かのような逆転が起きていたのです。

イザヤは、ユダ王国のアハズ王がシリア・エフライム戦争時に（紀元前七三二年）、アッシリアの軍事力に頼ったことに批判的でした。事実、戦争の結果、兄弟国である北王国の多くの領土は奪われ、ユダ王国もそのことによってアッシリアの属州と国境を接するに至りました。それだけでなく、アッシリアはそれ以降もパレスチナの諸都市を自らの手中に収める政策を続けました。そのアッシリアの王の尊大さが神の裁きの対象となっていることは（12節）、神が進めようとしている歴史における計画に反していたからです。神はアッシリアに、限定された「裁きの道具」としての働きを期待していたわけですが、そのことを反故《ほご》にされ、その結果、後にイザヤ伝承によく学んだ者によって10章24〜27節のような「アッシリアを恐れるな」という告知がされることになったと思われます。

冒頭で述べたようにこの部分（10・5〜15）は預言者の歴史観を最も明確に示しています。それは、神は自らの民を裁くために、他国の勢力（多くはその時代の超大国）をその道具として用いるという世界的な動きをするということでした。他方、他国の勢力がその役割を果たさなくなった時には、神はこれを批判し、新たな計画に従って「神の業」を実行するのです。このような預言者的歴史観は、紀元前八世紀のアッシリアとの関係において一つの先行例としてこの箇所に展開されています。

また、時代が下ってエレミヤ書においては、バビロン捕囚（紀元前六世紀）という徹底した神の裁きを具体的にもたらしたネブカドネツァルが、「私（神）の僕」と呼ばれています（27・6等）。さらに、逆にそのバビロン捕囚からの解放を実現させたキュロスは、イザヤ書において「油を注がれた人キュロス」（45・1）と呼ばれています。このように神は他国の王を用い、自分の民を裁き、また救済するというダイナミックな存在であるとの確信が、この箇所（10・5〜15）に示されている預言者的歴史観の特質です。

18 「エッサイの切り株」の希望——正義と公正をもたらす者（10・33〜11・9）

前述のように（本書108ページ）、イザヤ書には「メシア預言」とされてきたテキストが三箇所あります。7章14節「インマヌエル預言」、8章23節〜9章6節「終わりなき平和の預言」、そして今回の「エッサイの切り株の預言」です。ただし、それぞれイザヤの活動時期に根差した歴史的背景があり、その告知が直ちに「メシア預言」とは言えない面があります。現実の王の姿に失望する人々に向けて、未来に登場する人物、あるいは「新しい王」が描かれています。その存在がイザヤ伝承の継承者たちによって、「将来、到来するメシア」と理解されていく過程があったと思われます。その中でも、イザヤの預言者としての思想構造に基づきつつ、「将来、到来するメシア」という人物像に近づいているのが今回の箇所です。

「切り株」の希望

まず、聖書協会共同訳では、11章の冒頭に「エッサイの根」という表題が付されています。これは伝統的な区分であり、定着しています。しかし、10章33～34節の「そびえ立つ木の切り倒し」のイメージは、確実にこの箇所の前提となっています。神によって切り倒されるという切断があった後に、「エッサイの株から一つの芽が萌え出で」（11・1）るという出来事が起きるのです。

次に「エッサイの株から」という言葉です。エッサイとはダビデ王の父親ですから、その関係が丁寧に記されているとも言えます。しかし、この箇所では統治者である王の在り方が問われているので、「ダビデの株から」と表記されていても不思議ではありません。

しかし、ダビデの一代前の「エッサイ」に敢えて言及されているのは、ダビデ王朝の原点に立ち帰り、それを新たにする王の存在を想定しているのです。また、「エッサイの株から」の「株」という語は、元来、木が切られてあとに残される「切り株」という意味です。つまり、断絶ではないが、木が切り倒されるということであり、その「切り株」から萌え出る「ひこばえ」がイメージされていきます。そこで、先行する10章33～34節の文言が重要となってきます。神は恐るべき力によって、枝を切り落とし、森の茂みを斧で切り倒し、と記されています。また、34節の「レバノン」とは「レバノン杉」のことであり、人間の高慢の象徴です（2・13等）。つまり、現実のダビデ王朝を継承している王たちは高慢になり、それは神によって「切り倒される」というのです。

ダビデ王朝の現実の王の「高慢さ」や「背信」行為に関しては、これまでの章で繰り返し述べられてきました（7・10～13等）。この箇所が記された時の王に関しては特定できませんが（アハズの後継者ヒゼキヤか）、「エッサイの切り株」という表現から、神の裁きによる切断と、その中から出てくる新たな「ひこばえ」としての王的存在が想定されています。その人物像の描かれ方を見てみましょう。

「新しい王」の人物像

まず、「その上に主の霊がとどまる」（2節）と記されています。この「主の霊」は王以外の人物にも授けられることが多くあります。民の指導者、士師、預言者などですが、それは神からの使命を果たすためです（例えば、士師記6・34のギデオン等）。このことは、今回の箇所についても同じです。

「主の霊」は三組のペアを成す言葉で展開されます。「知恵と分別の霊」、「思慮と勇気の霊」、そして「主を知り、畏れる霊」です。「知恵と分別の霊」とは、王として法的社会的領域において正義に基づいて的確に判断できる能力です。また、「思慮と勇気の霊」とは、「思慮」という語が特にイザヤの場合、「計画する」という動詞に由来するので、政治的な「政策立案」の能力のことを指していますす（7・5「たくらむ」、29・15「謀《はかりごと》」等）。そして最後に「主を知り、畏れる霊」は、先行する二つを担うために最も必要な宗教的源泉です。この箇所にはこれらを兼ね備えている人物が描かれています。

さらに、3～4節にはその働きが具体的に述べられています。「彼は主を畏れることを喜ぶ」とは、この人物が喜んで「主の霊」を受けとめていることを示しています。また、「その目の見えるところによって裁かず　その耳の聞くところによって判決を下さない。弱い者たちを正義によって裁き　地の苦しむ者たちのために公平な判決を下す」とは、まさに社会的領域において「知恵と分別の霊」を働かせることです。さらに「その口の杖によって地を打ち　その唇の息によって悪人を殺す」とは、暴力的手段ではなく、言葉の力によって、敵対的存在と対峙し、その力に打ち勝つことを語っています。「思慮と勇気の霊」はそうした政策を立案できる能力であると言えます。

そして最後に「正義はその腰の帯となり　真実はその身の帯となる」（5節）と結ばれています。この「正義と真実」という対句は人間の行為と対比される「神の行為」を指します（申命記32・4、イザヤ書33・5～6等）。つまり、2～5節で示されている王的存在には、徹底して「主の霊」が留まっているのです。このような存在は現実の王ではなく「来るべき王的人物」の到来を示唆しています。

正義を実現する者

預言者イザヤは、活動時期のある時点において、この「エッサイの切り株」から萌え出る「ひこばえ」として、正義を実現する存在が現れるというヴィジョンを抱いたのです。

その思想構造は、「正義についてのヴィジョン」を語っている1章21～26節と同一です（本書42ページ以下参照）。すなわち、まず、現実の王がその役割を果たしていないことへの失望から出発し、かつての理想的な王の原点に立ち帰っています。しかし、そのダビデ王朝から直ちに「新しい王」が登場するとは考えず、むしろ、神の厳しい裁きの中（「切り倒し」）でもなお残る「エッサイの切り株」から、それは芽生えると語ります（1章21～26節の場合は「精錬する裁き」）。そして、そのダビデに優る「新しい王」が、未来から到来することを告げています。この未来待望は、正義を実現できずにいる現実の王への批判として、人々に受け取られたと思われます。すなわち、「現実」の厳しさから出発し、「過去」の原点に立ち帰り、そこから転じて「未来確信」を提示することによって、イザヤは「現実批判」をなしているのです。ですから、イザヤが指し示していることは、「むかしは良かった」と過去を夢見ることではなく、神によってもたらされる未来を前にして、その時代の人々が批判的責任を果たすように求めることであったと言えます。

「新しい王」と自然界の平和

最後に、11章6～9節の「自然界の平和」のヴィジョンと、「エッサイの切り株」の預言の繋がりを見てみましょう。「狼は小羊と共に宿り　豹《ひょう》は子山羊と共に伏す」という言葉で始まる「自然界の平和」のヴィジョンは、それ自体としてイメージに富んだ印象的な言葉です。イザヤ書と同時代の古代オリエントの文献において「新しい王による正義の実現」に結びついて、自然界においても変化があるという思想を確認できます。すなわち、本来共存し得ない動物たちが小さなこどもによって導かれるというヴィジョンが描かれています。イザヤ書の記述はその影響を受けているかもしれません。

ただし、預言者イザヤが6～9節の文言を書き記したとは言えないと思います。なぜなら、両者のテーマには緊張関係があるからです。1～5節において正義を実現する王は、現実の世界においての「弱い者たち」や「地の苦しむ者たち」のために、敵対する力と対峙するということが想定されています。それに対して6～9節の「自然界の平和」のヴィジョンにおいては、すでに敵対関係そのものが終わっている「絶対平和主義的状況」が描写されています。また、「私の聖なる山」（9節）は、第三イザヤ書に集中して使われています（56・7、57・13、65・11、25、66・20）。さらには、65章25節は11章6～8節を要約しています。従って「自然界の平和」のヴィジョンは、預言者イザヤが記した「新しい王」の到来という告知に対して、バビロン捕囚期以降の書き手が応答している「黙示的ヴィジョン」であると言えるでしょう。そして、このヴィジョンがのちに、11章1～9節全体を「メシア預言」として捉えていく道を開いていったのです。

19 あなたがたは喜びのうちに、救いの泉から水を汲む（12・1〜6）

イザヤ書は66章から成る預言書ですが、その中にいくつかの大きな区分があります。その一つが今回の12章です。この章は明らかに前後の章と異なる内容になっています。そしてこれまでの1〜11章を踏まえながら、13章以降、とりわけ40〜66章を展望する内容となっています。つまり、12章は1〜11章という閉じられた部分の結びであると同時に、13章以降に開かれたテキストです。

基本的に12章は「感謝と賛美」の詩編です。そして、二部構成になっています。前半は1〜3節、後半が4〜6節です。両者で人称が異なっていますが、そのことに注意して、内容を見てみます。

感謝と賛美の歌

まず、「その日に、あなたは言うであろう」（1節a）という書き出しで始まっています。この言い方は、神が預言者に語ることを求める場合と同じです（6・9、7・3～4）。従って、ここでの「あなた」は預言者であると言えます。もちろん、それはイザヤ自身ではなく、12章を書き記した者が念頭に置いている預言者です。その預言者が語ります。「主よ、私はあなたに感謝します。あなたは私に怒りを向けられましたが　その怒りを去らせ、慰めてくださいました」（1節b）。この場合の「私」は預言者ですが、それは単なる個人ではなく、イスラエルの民を代表し、また民の現実を自分の現実とする預言者です（6・5参照）。つまり、預言者は、神の怒りは自分自身に向けられていると受け止めていたが、その怒りは去り、神は慰めを与えてくださったと記しているのです。このことは審判が主な内容である1～11章の段階からははっきり言うことはできません。イザヤ書40章以下の「第二イザヤ」の部分が前提となっています（40・1「慰めよ、慰めよ、私の民を」）。

続いて、その預言者の信仰が活き活きと言い表されています。「見よ、神は私の救い　私は信頼して、恐れない。主こそ私の力、私の歌。私の救いとなってくださった」（2節）。これは「詩編」の賛美の詩編を思わせる詩文です。また、出エジプト記15章1節以下の「海の歌」を想起させます。いずれにせよ預言者が明確な信仰を表明していることは印象的です。

次の3節では人称が「あなたがた」となっています。「あなたがたは喜びのうちに　救いの泉から水を汲む」。この「あなたがた」は、1～2節の「預言者」の語りの聴き手です。この一節も心に残る言葉です。最も近い表現としては55章1節があります（「さあ、渇いている者はみな、水のもとに来るがよい」）。さらに後代への影響も大きく、ユダヤ教の「仮庵の祭り」（スッコート）の「水を汲む場の喜び」の儀式において用いられている文言です。

つまり、この12章の「感謝と賛美」の詩は、イスラエル共同体の中で継続的に覚えられ伝承されていて、イザヤ書の重要な区切りとして現在この位置にあるのです。

他方、二部構成の後半は、「その日に、あなたがたは言うであろう」（4節）という言葉で始まっています。12章1節を受けたものですが、「あなたがた」と複数になっています。

この「あなたがた」とは、前半の預言者の「感謝と賛美」の歌を聴いていた人々です。そのことは、最後の6節にある「シオンに住む者よ」という呼びかけによって確かめられます。預言者は「シオンに住む者」に「感謝と賛美」を呼びかけているのです。しかも、その輪を広げるように促しています。「主に感謝せよ、御名を呼べ。もろもろの民にその業を知らせ　その名が崇められていることを告げよ。主をほめ歌え、主は大いなることをされた。これを全地に知らせよ」（4〜5節）。これはイスラエル共同体への語りかけであると同時に、諸国民と全地にその「神の業」を告げよという命令です。また、6節の最後に「イスラエルの聖なる方は　あなたのただ中にいます偉大な方」とあります。1〜11章においてはほとんど裁きの文脈に置かれている「イスラエルの聖なる方」という呼称が、40

章以下の第二イザヤと同様に、救いの文脈に置かれています。すなわち、この「感謝と賛美」の歌は、続く13章以下の「諸国民への裁き」を遥かに超えて、諸国民に対しても神の大きな業を告げている40章以下を視野に入れた詩となっています。

一つのまとめとしての詩編

このように12章はイザヤ書の中で、その全体構成に関わる重要な位置をもっています。また、1～12章はかなり独立した「一つの書」と言ってもよいまとまりをもっています。

それを示すこととして、1章1節の「イザヤ」という名前は、12章2節の「神（主）は救い」という意味であり、両者は大きく1～11章を囲い込んでいます。おそらく意図的構成でしょう。

次に最も重要なことは、1節の「主よ、私はあなたに感謝します。あなたは私に怒りを向けられましたが　その怒りを去らせ、慰めてくださいました」という文言です。

前述したように、この内容は、裁きの告知が多い1～11章からは明確に言えず、40章以下の第二イザヤのメッセージを前提としています。このことはイザヤ書を継続的に読んできている読者にとって意味をもっています。それは、11章までの「神の怒り」の告知をまず、もう一度厳粛に受け止めなさいということです。イスラエルの民の問題性は依然としてあることは明らかです。しかし、神はその裁きの向こう側に救いを用意していることを示唆するのが、12章の「感謝と賛美」の歌です。

また、中でも重要なフレーズは、「あなたがたは喜びのうちに　救いの泉から水を汲む」（3節）です。このフレーズは詩の中心にあり、内容的にも注目されてきたものです。前述のように、ユダヤ教の「仮庵の祭り」（スッコート）の「水を汲む場の喜び」の儀式において用いられている文言です。このことは12章が何らかの祭儀において伝承され、ユダヤ教の伝統にまで達し、今日まで伝えられていることを意味しています。そして、それがユダヤのフォークソング「マイム、マイム」の歌詞の由来であることは、現在も世界的知名度が高いことを示しています。ヘブライ語のマイムは「水」の意味です。乾燥地帯において井戸から水が湧き出ることは、命を保ち救いに与ることです。

他方、新約聖書との関係で注目されるのはヨハネ福音書7章37〜39節です。このイエスの言葉を理解するためには、その背景としてイザヤ書12章3節は不可欠です。イエスは仮庵の祭りのためにエルサレムに赴き、「渇いている人は誰でも、私のもとに来て飲みなさい。私を信じる者は、聖書が語ったとおり、その人の内から生ける水が川となって流れ出るようになる」と語ったと記されています。この言葉の背後には、「あなたがたは喜びのうちに　救いの泉から水を汲む」というイザヤ書の言葉があると言えるでしょう。

Ⅱ

13〜39章

20　バビロンの崩壊と神の歴史支配（13・1〜14・27）

イザヤ書13〜23章には、他の預言書にも見られる「諸国民への裁きの言葉」が集められています。特にイザヤ書の場合には、「〜についての託宣」という表題があり、その後に諸国民、あるいは都市についての託宣が記されています。「バビロン」（13・1）、「ペリシテ」（14・29）、「モアブ」（15・1）、「ダマスコ」（17・1）、「エジプト」（19・1）、「海の荒れ野」（21・1）、「ドマ」（21・11）、「アラビア」（21・13）、「幻の谷」（22・1）、「ティルス」（23・1）。これらの「託宣」がどのような歴史的背景のもとで記されたかについては定かではありません。様々な内容をもつ託宣が集められており、その歴史的背景を明らかにすることは困難です。ただし、「バビロンについての託宣」はバビロン捕囚の前後に位置付けられ、「幻の谷についての託宣」はイザヤの活動時期の最後となる「エルサレム攻囲」（紀元前七〇一年）の時期に由来していることは確かです。

バビロンについての託宣

ではこれらの託宣は如何なる理由で、現在の形に編集されたのでしょうか。最初に13～14章の前後関係と、その内的な構成を見てみましょう。

12章1節は、「あなたは私に怒りを向けられましたが　その怒りを去らせ、慰めてくださいました」と神の怒りが過去となった感謝を述べています。これはバビロン捕囚後の状況を前提としています。それに対して、13章2節以下の「バビロンについての託宣」は、イスラエルを滅ぼしたバビロニアに対する神の裁きが、現在のこととして描かれています。「見よ、主の日が来る。容赦ない憤りと燃える怒りをもって　地を荒廃させ、そこから罪人を絶つために」（9節）。ここでは神の怒りの対象はバビロンです。そのことは「諸王国の麗しさであり　カルデア人の高き誉れであるバビロンは　神がソドムとゴモラを覆した時のようになる」（19節）という節からも分かります。この神の怒りゆえにイスラエルの民は捕囚状況から解放されることになるのです。また、散文の形ですが14章1～2節にも「しかし、主はヤコブを憐れみ　再びイスラエルを選び、彼らの土地に住まわせる」と記されています。これによって「バビロンへの裁き」が結ばれています。

続いて14章3～23節に同じバビロンへの嘲笑歌が記されています。この語り手は神ではなく捕囚期、ないしそれ以降の人物です。「ああ、虐げる者は滅び、抑圧は終わった。主は悪人たちの杖と支配者たちの鞭を折られた」（4b〜5節）という言葉で始まっています。そして「お前の高慢　竪琴の音は陰府に落とされた」（11節）という文言が、「しかし、お前は陰府へと　その穴の底へと落とされる」（15節）という同様の文言で受けられています。そして、その真ん中に、この箇所の中心部分が、やはり4節と同様に「ああ」という語を冒頭にして記されています。「ああ、お前は天から落ちた。明けの明星、曙の子よ。お前は地へと切り倒された。諸国民を打ち倒した者よ。お前は心の中で言った。『私は天に上り　神の星々より上に王座を高く据えよう。そして、北の果てにある集会の山に座し　雲の頂に登り　いと高き方のようになろう』と」（12〜14節）。これほどの嘲笑はないほどにバビロンの高慢と、その結果が描かれています。また、「バビロンへの裁き」と同様に、散文の形ですが、神がバビロンと住民を滅ぼすということが述べられています（14・22〜23）。つまり、「バビロンへの裁き」を語る13章は、「バビロン王への嘲笑」を描く14章と呼応して、神のバビロンに対する厳しい対応が記されていると言えます。

それでは、この二つの部分の繋がりは現在のイザヤ書の中で何を語ろうとしているでしょうか。

前述のように、比較的明らかにその歴史的背景が推測可能なのは、「バビロンへの裁き」の部分です。バビロン捕囚期前後にこの「バビロンへの裁き」が記されたことは、イスラエルの民にとって大いなる励ましであったと思われます。圧倒的な超大国によって、南ユダ王国は滅ぼされ、主な指導者層はバビロンに抑留されました。このことを自らの「神への背信」の結果であると認識する一方で、その破壊をもたらしたバビロニア帝国に対して「神の裁き」があるということは、その捕囚状況が永遠には続かないことを意味しています。しかも、13章9節に続く10節には「空の星と星座は光を放たず　太陽が昇っても暗く、月もその光を照らさない」とあり、黙示的イメージを用いてバビロニア帝国の終焉を描いています。従って現実の歴史に根差しつつも、神による決定的な介入がなされることが待望されていると言えます。事実、そのことが裁きの言葉とは違って散文の言葉で、14章1〜2節に記されています。「しかし、主はヤコブを憐れみ　再びイスラエルを選び、彼らの土地に住まわせる。寄留の民も彼らに加わり、ヤコブの家に連なる」とあります。これは捕囚からの解放後をも展望している言葉です。

すなわち、「バビロンへの裁き」の告知は、それ自身が独自の詩であると同時に、バビロン捕囚のただ中にある人々にとっては、その状況からの解放を神がもたらしてくださるという文脈に置かれているのです。

「バビロン王への嘲笑歌」の意義

それでは「バビロン王への嘲笑」に関してはどうでしょうか。「ああ、虐げる者は滅び、抑圧は終わった。主は悪人たちの杖と　支配者たちの鞭を折られた」(4b〜5節)という言葉で始まり、中心部に「ああ、お前は天から落ちた。明けの明星、曙の子よ。お前は地へと切り倒された。諸国民を打ち倒した者よ」(12節)と記されています。そして「その子らのために屠り場を備えよ……再び彼らが立ち上がって、地を占有し　世界の面《おもて》を町で満たすことのないように」(21節)と、徹底的にバビロンを滅ぼし尽くすということが述べられています。さらに散文の形で、そのことを神自身が成し遂げることが強調されています。この一連の嘲笑歌においてもその徹底性が際立っていますが、捕囚の苦難の只中にある人々にとっては、バビロンの支配は永遠ではありえないというメッセージを伝えるものであったと言えます。

そこで今回の箇所の最後に位置する14章24〜27節が重要な意味をもってきます。この部分は、従来から預言者イザヤに由来するとされてきました。確かに元来は、イザヤの活動していた時期のアッシリア帝国に対する「神の計画」について述べられたものです。しかもイザヤにとって「神の計画」という言葉は、最も大切な概念です。そもそも王をはじめ指導者たちの政策決定の時に使われ、それが神について用いられる場合は「神の歴史支配」を意味します

（5・18～19、30・1等）。ただし、この位置に14章24～27節の文言があることによって、現在の13～14章の「バビロンへの嘲笑」との文脈が新たに生まれ、その全体への理解に光を与えています。すなわち、アッシリアが世界帝国であった時代と、バビロニアが世界帝国であった時代がイザヤ書の最終形態（今私たちが手にしているイザヤ書）において二重写しになっているのです。「私が意図したように事は実現し　計画したように事は成る」（24節）という言葉は、元はアッシリアに対する言葉でしたが、現在の14章の中ではバビロンに対する言葉ともなっています。そのように14章24～27節を読むならば、「バビロンへの裁き」と「バビロン王への嘲笑」の詩が何を語ろうとしているかが分かります。すなわち、「バビロンへの裁き」は単なる神の裁きではなく、そのことを通してなされる「神の歴史支配」、そして神の民の再建（14・1）を示しています。

また「バビロン王への嘲笑」は、バビロンに対するイスラエルの恨みを晴らすことではなく、世界帝国の崩壊を通して示される「神の歴史支配」を語っていると言えます。しかも、それは「全地に向けて定められた計画である」（26節）と記されています。つまり、「神の計画」「神の歴史支配」が、確実に（24節）しかも世界大の広がり（26節）をもって実現されることが証しされているのです。それゆえ、人間は誰もそれを覆すことはできないのです。

21　エジプト、アッシリア、イスラエルの神（19・1〜25）

諸国民についての託宣は、「バビロン」「ペリシテ」「モアブ」「ダマスコ」「エジプト」「海の荒野」「ドマ」「アラビア」「幻の谷」「ティルス」に関してのことを述べています。この中で、やはり「バビロン」と「エジプト」は超大国であり、イザヤ書が視野におさめている世界が大きなものであったことが分かります。「バビロン」は南王国ユダを滅ぼし、バビロン捕囚という決定的な出来事によってイスラエルの民の歴史に影響をあたえました。また、「エジプト」は南方に位置する大国で、様々な局面において「脅威」であると共に、イスラエルが「支援」を求める対象でもありました。その意味でエジプトは両義性をもった存在であると言えます。つまりイスラエルにとって「エジプト」は、政治、軍備、そして高度な文化を有する憧れの国であると共に、逆にイスラエルの神とは違う神々を崇拝する異質な存在であり、批判の対象であったのです。

エジプトについての託宣

今回の箇所の前半である19章1～15節は、神のエジプトに対する裁きの言葉です。特に1～4節と11～15節はイザヤの活動時期に由来する部分である可能性があります。「見よ、主は速い雲に乗って　エジプトに来られる。エジプトの偶像は主の前に震え　エジプト人の心は挫《くじ》ける。……エジプト人の心はすさみ　私は彼らの計画をかき乱す。彼らは、偶像、死者の霊　霊媒、口寄せに伺いを立てる」（1、3節）。この部分には、イザヤが幾度も問題としていた「人間の計画と神の計画」というテーマ（5・18～19、14・24等）、また「偶像問題」（2・6～22）、「死者の霊」、「霊媒や口寄せ」（8・19）ということが扱われています。イザヤはそのことを列挙して、エジプトの問題性を指摘しているのです。

また、11～15節も同様です。「ファラオの賢い参議たちも馬鹿げた謀《はかりごと》をする」（11節）、「万軍の主がエジプトにどんな計画を立てられたのか　彼らがあなたに告げ、分からせればよいのだ」（12節）。ここでもイザヤが問題としていた「参議の堕落」（例えば3・3）、「神の計画への無知」が、エジプトの問題として描かれています。これらのことはあくまでエジプトの問題ですが、イザヤの活動時期に語られた「神の裁き」であるとするならば、30章1節や31章1節で指摘されている南王国ユダがエジプトに援助を求めることへのイザヤの批判と対応していると言えます。すなわち、19章1～15節の「エジプトへの裁き」は、ファラオを中心とした支配体制を批判するだけでなく、南王国ユダの在り方をも預言者イザヤが問題としていると言えるでしょう。ただし、5～10節の黙示的な自然と人間の変化はイザヤ以降のテキストです。イザヤ書が現在の形態になったのは捕囚期以降です。イザヤの言葉は、おそらくはペルシャ時代の黙示的編集者によって現在の位置に置かれたのだと思われます。

エジプトとアッシリアについてのヴィジョン

他方、続く後半の19章16～25節は、16節の「神がエジプトの恐怖となる」という裁きを介して、驚くべき展開を示しています。19章の「エジプトについての託宣」は、エジプトへの「神の裁き」を基本としたものですが、イザヤの活動時期に由来するテキストを取り込みつつ、同時に黙示的展開を示しています。その方向性は極めて普遍主義的であり、「エジプト」と「アッシリア」、そして「イスラエル」が共に、神によって地上で祝福される存在となるという告知に至っています（24～25節）。この「裁き」からの「祝福」への展開を追ってみましょう。

まず、「その日には、エジプトは女のようになり、万軍の主が振りかざされる御手を前に、恐れおののくことになる」（16節）とあります。この一節は前半の「神の裁き」を受けています。そして、二番目に「その日には、カナンの言葉を語り、万軍の主に誓いを立てる五つの町がエジプトの地にできる。その一つは太陽の町と呼ばれる」（18節）とあります。カナンの言葉とはヘブライ語のことであり、エジプトの地に「万軍の主（神）」に誓いを立てる町ができるとは全く新しい事態の到来を告げています。さらに、三番目に「その日には、エジプトの地の中心に、主のために祭壇が建てられ、その地の境には、主のために石の柱が立てられる」（19節）とあります。これはエジプトに「主なる神」を礼拝する人々が現れるということです。しかも、「主はエジプト人にご自分を知らしめ、その日、エジプト人は主を知るようになる」（21節）と明確に告げられています。

それだけではありません。四番目には、視野が一気に広がり、「エジプトからアッシリアまで大路《おおじ》が敷かれ」、相互に交流し「エジプト人はアッシリア人と共に主に仕える」（23節）というのです。この場合の「アッシリア」とは古代オリエントに勃興する大国のことを代表していますが、その両大国の人々が「共に主（神）に仕える」というのですから壮大なヴィジョンであると言わざるをえません。

しかも、五番目には「イスラエル」もまた、その繋がりの中で位置を有し、「エジプト」「アッシリア」「イスラエル」が、共に神の祝福を受けると告げられています。

「その日には、イスラエルは、エジプトとアッシリアに続き、地上のただ中において祝福される第三のものとなる。万軍の主は祝福して言われる。『祝福あれ、私の民エジプト、私の手の業アッシリ

ア、私のものである民イスラエルに』と」（24〜25節）

エジプト・アッシリア・イスラエルに関わる壮大なヴィジョン

この祝福の告知はイザヤ書全体の中で一つの頂点をなすものです。何故ならば、「エジプト」、「アッシリア」、そして「イスラエル」はパレスチナの地において、歴史を通じて常に争い、互いに対立することが多く、とても「神の祝福」に値しない関係であったからです。

しかし、その三者の間に「和解協定」が結ばれ、神がそれを祝福するということが記されています。しかも、その中でイスラエルは特権的な位置ではなく、「私の民エジプト、私の手の業アッシリア、私のものである民イスラエル」という形で、エジプトおよびアッシリアと対等な立場で神の前に立っているのです。これは驚くべきヴィジョンであり、21世紀におけるパレスチナの問題をも考えさせる重要なメッセージであると言えるでしょう。

さて、この「エジプト」「アッシリア」「イスラエル」の三者の協調に「神の祝福」があるという告知は、旧約聖書、そしてイザヤ書の中で決して孤立しているわけではありません。イザヤに由来する「諸国民の平和」（2・2〜5）のヴィジョンにその萌芽があり、また、イザヤ書最終章66章18〜24節には、黙示的な描写の中で、神が「すべての国と諸言語の民」を集めるために来ると記されています。

その中で各国に離散していた民が、諸国民の働きによってエルサレムに帰還を果たすことだけでなく、その諸国民の中からも「私（神）」は祭司やレビ人を選ぶと告げられています（21節）。祭司やレビ人はイスラエルの民の中から選ばれることが当然とされていましたから、ここはイスラエルが民族の枠組みを超えて諸国民の世界に対して開かれていく、普遍主義的傾向が明らかに見てとれます（56・1～8も参照）。

その流れの中で、「エジプト」「アッシリア」「イスラエル」が、それぞれ神に祝福される新しい繋がりの一翼を担っていることは、新約聖書のパウロが、イスラエルの救いに関して、「イスラエルの一部がかたくなになったのは、異邦人の満ちる時が来るまでのことであり、こうして全イスラエルが救われることになるのです」（ローマ11・25～26）という世界大の救いの構想の背景をなしていると言えるでしょう。

いずれにせよ、「祝福あれ、私の民エジプト、私の手の業アッシリア、私のものである民イスラエルに」（25節）という神の祝福の言葉は、民族間の対立が激しくある現実において、その枠組みを超えた「神の救いの業」がなされつつあるという希望を抱かせます。

22　イザヤの絶望（22・1〜14）

13章から23章に編集されている諸国民および諸都市について託宣は、「バビロン」「エジプト」を始め「ダマスコ」「アラビア」「ティルス」などイスラエルの周辺の地域に広く及んでいます。その中で22章の「幻の谷」（5節）についての託宣は、イザヤに由来し、「エルサレム」（9節「ダビデの町」！）の現実を踏まえた預言者の批判の言葉が記されています。この13〜23章の一連の裁きの言葉（託宣）が諸国民に適用されるならば、エルサレムもまた例外ではありえないという意識が、預言者イザヤの言葉をこの位置に置いた編集者にあったのだと思います。

「エルサレム」についての託宣

この箇所は、大きく1〜4節、5〜8節a、8節b〜11節、そして12〜14節に区分できます。

最初に、「騒音に満ち、賑やかな都　歓声に満ちていた町よ。……お前の支配者たちは皆、一斉に逃げ出し　弓を引くこともなく捕まった。遠くに逃げていた者も皆　見つけられ、共に捕まった」（2～3節）とあります。これはエルサレムの支配者たちの無責任な職務放棄を示しています。それに対して預言者イザヤは、その現実は直視できないほど悲惨であると述べています。

次に、「なぜなら、恐怖と蹂躙《じゅうりん》と混乱の日は　万軍の主なる神のものだから」（5節）とあります。その後に「幻の谷で壁が打ち壊され　山に向かって助けを求める叫び声がする」と「幻の谷」という言葉が登場しています。しかし、その「お前の最も美しい谷は戦車で満たされ」（7節）と記され、エルサレムが非常な危機的状況にあることが分かります。

それに続いて「その日には、お前は森の家の武器に目をやり　お前たちはダビデの町に破れが多くあるのを見て　下《しも》の貯水池の水を集めた」とあり、人々は町の防御を固めようとするが、それはエルサレムの町を造った方（神）に目を向けない方法であったと言われています。

そして、最後に「その日、万軍の主なる神は　『泣き、嘆き　髪をそり落とし、粗布をまとえ』と呼びかけられた」（12節）と述べられています。これは神に対する悔い改めの態度を示していますが、現実のエルサレムの人々は、それと真逆の態度をとったのです。

このような状況にエルサレムが陥っている可能性が最もある事態は、紀元前七〇一年のアッシリアのセンナケリブによる「エルサレム攻囲」です。センナケリブはこの時、南王国ユダの大半を占領しエルサレムをも攻略しようとしていました。その時の状況を1章7〜8節はこう記しています。「他国人に何もかも打ち倒されて　その地は荒れ果てた。そして、娘シオンが残った。ぶどう畑の仮小屋のように　きゅうり畑の見張り小屋のように　包囲された町として」。この状況の中で、何らかの事情でアッシリア軍は撤退したのですが、預言者イザヤはそのことを神の憐れみであると受け止め（1・9）、エルサレムの人々に強く悔い改めを迫ったのです。しかし、人々はそのことを意に介さず、それとは全く逆の享楽的で刹那的な態度をとったことが22章13節に記されています。

「ところが、お前たちは喜び祝い　牛を殺し、羊を屠り　肉を食らい、酒を飲み　『食べたり飲んだりしよう　どうせ明日は死ぬのだから』と言う」。これは、刹那的であるだけでなく、神の憐れみに対する背信行為です。それゆえ、神はイザヤにその心の内を示されたのです。「お前たちが死ぬまでこの罪は決して覆われることはない」（14節）。これは決定的に近い神による断罪の告知です。イザヤはこの断罪の言葉に打ちのめされたことでしょう。実際、預言者イザヤのこれ以降の言葉は残されていません。イザヤは絶望的な思いで預言者活動を終えたと考えられます。

預言者としての使命の挫折？

以上のように今回の箇所を見ていくと、イザヤがその召命に基づいて神から使命を受けた場面が想起されます（6章）。その時、神が民に語るようにイザヤに命じたことは驚くべき内容でありました。重要な箇所なので、再度、6章9～10節をそのまま引用します。「主は言われた。『行って、この民に語りなさい。「よく聞け、しかし、悟ってはならない。よく見よ、しかし、理解してはならない」と。この民の心を鈍くし　耳を遠くし、目を閉ざしなさい。目で見ず、耳で聞かず、心で悟らず　立ち帰って癒やされることのないように』」。この神の命令は、すぐに納得できるものではありません。預言者は神の意志を民に告げ、民の現実を批判し、神に立ち帰らせることがその使命です。イザヤも繰り返し民が神に立ち帰ることを述べてきました。この22章12節も同様の趣旨です。しかし、これとは正反対のことが6章9～10節で神によって命じられていたのです。これをどう理解したらよいかという問題と、今回の箇所は関係しています。

その際、「この民の心を鈍くする（頑なにする）」という告知が、預言者イザヤの他の箇所には見当たらないことは注目すべき事実です。つまり、6章9～10節の神からの命令は、そのまま民に告げるものとしてではなく、イザヤの本来の預言者活動の結果として起こり得るものとして、あらかじめ神からイザヤに示されているという理解が成り立ちます。すなわち、イザヤは自らの罪の自覚とその赦しに基づいてイスラエルの民に「神に立ち帰ること」を求めるが、その意図に反して民から拒絶されることになることを、あらかじめ神から知らされていたのです。つまり「頑なにせよ」という神からの命令は、イザヤの「宣教の内容」ではなく、「宣教がもたらす効果」が語られていたのです。そして、イザヤにはそれと取り組む覚悟が最初から問われていたのです。それほど預言者活動が困難を極めたものであったことは、1章から11章までを読んできた読者であれば納得できることです。

例えば、召命を受けて数年後、イザヤは「気をつけて、静かにしていなさい。恐れてはならない」（7・4）という神からの警告にもかかわらず、アハズ王が神に立ち帰らない現実を経験します（7・12〜13）。また、活動後期の「立ち帰って落ち着いていれば救われる。静かにして信頼していることにこそ　あなたがたの力がある」という呼びかけに対して、民はそれを望まなかったと記されています（30・15）。そのような結果を招かざるを得ない神の痛みと嘆きが、6章9〜10節に言い表されていたのです。そのように考えると、今回の箇所の場合も、エルサレムの人々がイザヤの「悔い改め」の語りかけにもかかわらず、「どうせ明日は死ぬのだから」と享楽的で刹那的な反応を示していますが、イザヤにとってそれは全く初めてのことではなく、幾度か経験済みの事柄であったと言えます。

ただし14節の神による断罪の告知には、これまで以上の厳しさがあります。この告知はイザヤの活動時期においては何ら解決の見込みのない事柄であったと思います。しかし、断罪という仕方であっても神が歴史において働くことを承認することは、バビロン捕囚末期に「慰めよ、慰めよ、私の民を……エルサレムに優しく語りかけ　これに呼びかけよ。……その過ちは償われた」（40・1～2）と語る神の声が、イスラエルの歴史において新たに告知されることに繋がっていきます。

さらに新約聖書において、使徒パウロがコリントの信徒への手紙一15章32節において以下のように書き記していることは印象的です。「死者が復活しないとしたら、『食べたり飲んだりしよう　どうせ明日は死ぬのだから』ということになります」。預言者イザヤが伝えたエルサレムの人々の刹那的で絶望的な言葉は、全く意外な仕方でパウロによって「復活信仰」を明白にするために用いられているのです。

23 神の王的支配と死の克服（24・21〜23、25・6〜10a）

旧約聖書に「復活信仰」があるかという問題は長く論じられてきました。その中で常に取り上げられてきたテキストはダニエル書12章です。旧約聖書諸文書の中で唯一の黙示文学であるダニエル書においては、「悟りある者」（イスラエルの内部の信仰者）も「悪人」（イスラエルの内部の不信仰者）も、多くの者が目覚めるが、「ある者は永遠の命へと　またある者はそしりと永遠のとがめへと」（2節）と区別されています。そして、「悟りある者たちは大空の光のように輝き　多くの人々を義に導いた者たちは　星のようにとこしえに光り輝く」（3節）とされています。この箇所はイザヤ書53章の「苦難の僕の詩」の「最古の解釈」とされ（特に53・11）、注目されているテキストです。すなわち、ダニエル書が書かれた迫害の時代（紀元前二世紀）、イスラエル共同体が内部対立を抱えていた時期に「悟りある者たち」が多くの人々を義に導き、死んで、「永遠の命」に目覚め、「星のようにとこしえに光り輝く」と記されているのです。

「イザヤの黙示録」のヴィジョン

また、いま一つ常に議論されてきているのは、イザヤ書25章6～8節です。この箇所は従来から「イザヤの黙示録」と呼ばれてきている24～27章の中心部であり、内容的に重要な箇所です。ここでは、イスラエル共同体内部の対立ではなく、むしろ万軍の主が、シオンの山ですべての民のために、祝宴を催すという壮大な黙示的イメージで「死の滅び（死の克服）」が語られています。その内容を見てみたいと思います。

「万軍の主はこの山で　すべての民のために祝宴を催される」（6節）という言葉で始まっています。「この山」とは「シオンの山」、つまりエルサレムを示していますが、その前後には「世界の破局」に関わる章句が配置されています。すなわち、「イザヤの黙示録」は世界が混乱し破局に瀕していることを告げると共に、「シオンの山」では神による回復があるという文言が繰り返し登場しています。その中でも、この「シオンの山」における神の祝宴は中心的な告知です。

6節において、神がすべての民のために祝宴を開いている様子が活き活きと描かれています。そして、「死の滅び（死の克服）」についてこう記されています。「主はこの山で　すべての民の顔を覆

うベールと　すべての国民にかぶせられている覆いを破り　死を永遠に呑み込んでくださる。主なる神はすべての顔から涙を拭い　その民の恥をすべての地から消し去ってくださる。確かに、主は語られた」（7〜8節）。この節は「死の滅び」について明確に語っている最重要な箇所です。その場合、「死」は個々人の死ではなく、人間の絶対的な終わりの意味です。「イザヤの黙示録」における黙示的イメージによって、「死」が人間全体に共通するものとされ、それが「永遠に呑み込まれ」、人間の「すべての顔から涙を拭い」「恥をすべての地から消し去る」と言われているのです。イスラエルのみならず、諸国の民すべてについての壮大で力強いヴィジョンです。

神の王的支配

それでは、このような黙示的ヴィジョンは何を根拠として語られているのでしょうか。

それはイザヤ書全体のテーマでもある「神の王的支配」ということです。そのことは、前章の24章21〜23節に位置する「シオンの山」において「万軍の主が王となられた」という告知に示されています。次に、この部分を見てみたいと思います。

この部分は「その日になると、主は罰する」（21節）という言葉で始まっています。その対象は「天上では天上の軍勢」「大地の上では大地の王たち」です。すなわち、神は天においては天上の軍勢に、世界が破局に陥っていることの責任を問い、地上では大地の王たちにその責任を問うています。その責任追及は徹底しており「囚人が地下牢に集められるように集められ　牢獄に閉じ込められ」という比喩が用いられています（22節）。当然その神の罰は、天と地において変化をもたらします。それが、天においては「月は辱められ、太陽は恥じる」という黙示的イメージで描かれています。そして、地上においては、その変化が次のように描かれています。

重要な箇所なので、全体をそのまま引用します。

「月は辱められ、太陽は恥じる。シオンの山において、万軍の主が王となられ　エルサレムにおいて　長老たちの前にその栄光を現されるからだ」（23節）

ここで黙示的表象を伴いつつ「シオンの山において」と記されています。それは25章6節と同じです。また、「エルサレムにおいて　長老たちの前にその栄光を現される」というフレーズは通常の地上の王の即位に関しても当てはまります。しかし、「万軍の主が王となる」ということは、特別な内容です。そもそもイザヤにとって神は「王である万軍の主」（6・5）であったのですが、そのことが「世界の破局」のただ中で告知されているのです。それは神は圧倒する力をもって、天上の軍勢と地上の王たちを「牢獄に閉じ込め」支配するということです。そのような事態が「この山」（24・23、25・6）で起き、世界の破局の最終的な現実である「死」を神は永遠に呑み込まれると告げられています。この「神の王的支配」が最大限にその支配領域を広げる時に、「死の滅び（死の克服）」という、すべての民、すべての国民にとっての喜びが訪れるのです。

死の克服

さらに25章9～10節aは、「山」というキーワードで結びついている「神の王的支配」（24・21～23）と「死の滅び（死の克服）」（25・6～8）を受けて、賛美の応答をしています。「その日には、人は言う。見よ、この方こそ私たちの神。私たちはこの方を待ち望んでいた。この方は私たちを救ってくださる。この方こそ私たちが待ち望んでいた主。その救いに喜び躍ろう。主の手はこの山にとどまる」（25・9～10a）。この喜びの応答には「その日」（24・21）と「この山」（24・23、25・6）という語があり、「神の王的支配」と「死の滅び（死の克服）」という二つの関係が強調され、確認されています。従って「イザヤの黙示録」の段階（紀元前四～三世紀）においては「復活信仰」はいまだ明確になっていないが、「神の支配」の徹底としての「死の克服」という考え方が、黙示思想的傾向にある人々によって共有されていたと言えます。

一方、26章にはかなりはっきりとした反響が見られます。14節で「死者が生き返ることはなく死者の霊も起き上がることはありません」という現実を踏まえつつ、以下のように記されています。

「あなたの死者は生き返り　私の屍《しかばね》は立ち上がります。塵の中に住む者よ、目覚めよ、喜び歌え。あなたの露は光の露　地は死者の霊に命を与えます」（19節）。この節の内容は、最初に言及したダニエル書12章1～3節に近いと言えるかもしれません（2節「地の塵となって眠る人々の中から　多くの者が目覚める」）。

いずれにせよ、黙示的傾向をもつ人々によって、「神の王的支配」の徹底性が「死の克服」をもたらすという思想が形成され、それがダニエル書12章などに影響を与えたと言えます。さらに、新約聖書において使徒パウロやヨハネ黙示録の著者ヨハネが復活信仰を語る場合に、今回のイザヤ書25章8節の言葉を踏まえていることは極めて印象的です。

「死は勝利に呑み込まれた。死よ、お前の勝利はどこにあるのか。死よ、お前の棘《とげ》はどこにあるのか」（一コリント15・54～55）

「目から涙をことごとく拭い去ってくださる。もはや死もなく、悲しみも嘆きも痛みもない」（黙示録21・4）

「イザヤの黙示録」は、新約聖書における「復活信仰」の表明に、黙示的イメージを介して豊かな表現力を与えていると言えるでしょう。

24　ぶどう畑の回復（27・2～6）

前回と同様にこの箇所は「イザヤの黙示録」に収録され、その最終章の一部を成しています。前後には「世界の破局」を示す章句が置かれ、その只中に「神による再生」を告げる章句が記されています。24～27章は全体としても、「世界の破局」と「シオンの山における回復」に関する章句が交互に出てくる構成になっています。そして、多くの部分が相互に連携して、重要なメッセージを発しています。前回の24章21～23節と25章6～10節a（「神の王的支配」と「死の克服」）はその典型です。

しかし、「イザヤの黙示録」は決してイザヤ書の中で孤立しているわけではありません。イザヤ書の他の箇所との関係も強くもち、その箇所への応答がテキストとして提示されています。そのことがよく分かるのがこの27章2～6節とイザヤ書5章1～7節（本書66ページ以下参照）との関係です。5章の「ぶどう畑の歌」は預言者イザヤに由来するエルサレムの住民とユダ王国の人々への告発の言葉ですが、27章の「ぶどう畑の歌」は黙示文学が盛んになってくる時代（紀元前三世紀頃）における「回復の歌」です。両者の時代と内容は大きく異なっています。しかし、27章の「回復の歌」は5章の「ぶどう畑の歌」を、絶妙な仕方で踏まえて新しいテキストを生み出しています。そのことを、5章を参照しながら見てみましょう。

新しいぶどう畑の歌

まず、この27章の歌は「その日には　美しいぶどう畑の歌を歌え。主である私はその番人」（2～3節a）という書き出しで始まっています。これは「ぶどう畑」の紹介です。また、最初から神がそのぶどう畑の番人であることが明示されています。続いてその番人である神が、「ぶどう畑」を配慮し育てていることが記されています。5章の「ぶどう畑の歌」の場合も同様でした（5・2）。27章では「絶えずぶどうに水をやり　畑が荒らされないように　夜も昼も守っている」（27・3）と記されています。

しかし、4節に「私は憤らない。茨とあざみが私と戦おうとするなら　私は進み出て、それをまとめて焼き払おう」とあります。これは驚くべき内容であり、また前提があります。それは、5章の「ぶどうの畑の歌」において神が示した、良いぶどうが実るのを待ち望んだが、実ったのは酸っぱいぶどうであったという失望感です。また、それを具体化して「主は公正を待ち望んだのに　そこには、流血。正義を待ち望んだのに　そこには、叫び」（5・7）と記されています。つまり、神がイスラエルとユダの民への失望感から、憤っていることが述べられています。

このことを念頭に27章では「私は憤らない」という神の意志が表明されているのです。27章の「新しいぶどう畑の歌」は、5章の「ぶどう畑の歌」を用いて全く「新しい歌」を生み出していると言えるでしょう。そして、神は自ら、畑の中に生えてくる茨とあざみと戦い、これを焼き払うとまで語っています。

この4節の文言（「私は憤らない」）は、5節の文言と相まって「新しいぶどう畑の歌」の特徴をよく表しています。すなわち、4節に示されている、神が「茨とあざみ」に対して行う裁きはまだ実行されていないのです。そこには当時の聴き手たち（紀元前三世紀頃）の応答次第で事態が変化する余地が残されています。つまり、この「新しいぶどう畑の歌」は、その聴き手たちの態度決定を問いかけています。そのことを明確にしているのが、5節の神による語りかけです。「それを望まないなら、私の保護の下《もと》に入り　私と和解するがよい。和解を私とするがよい」。神からの和解の申し出が、二回に亘って繰り返されています。これは神による切実な申し出です。聴き手の応答なしには、この「新しい歌」は完結しないのです。

おそらく、27章の「新しいぶどう畑の歌」の背景には、紀元前四～三世紀頃のイスラエル共同体内部の対立があったのだと思います。前回扱ったダニエル書12章（紀元前二世紀）においては、「悟りある者」（イスラエルの内部の信仰者）と「悪人」（イスラエルの内部の不信仰者）ということが明確に示されていました。そして多くの者が目覚めるが、「ある者は永遠の命へと　またある者はそしりと永遠のとがめへと」（2節）と区別されていました。そのような対立の「萌芽」が既にあった混沌としたイスラエルの共同体に対して、神は、聴き手たちが「茨とあざみ」となり、再び裁きの対象となるのではなく、神との和解を受け入れるように応答することを促しているのです。

ですからここで重要なことは黙示的な決定論ではなく、神との和解を受け入れるかどうかの決断が、聴き手の自由な主体性に任されているということです。この「新しいぶどう畑の歌」には、聴き手が関与できる余地があるのです。同じことは現代のイザヤ書の読者である私たちについても言えるでしょう。

神との和解によって開かれる未来

つまり「イザヤの黙示録」の著者（ないし編集者）は、5章の「ぶどう畑の歌」のイメージを有効に用いているだけでなく、その歌の中に聴いている人々を巻き込み、「あなたがたは神と和解するかどうか」と問われている当事者であるということを意識させています。これは極めて巧みな語り方です。5章1〜7節を取り上げた時にも述べましたが、イメージや比喩に基づく語りは、単に物事を分かりやすく伝達するだけでなく、それを聴いている人々が自らに向けられた言葉として受けとめる時、現状を変革していく働きもします。この「新しいぶどう畑の歌」の場合も同様であり、「私（神）と和解せよ」という現状の変革が求められているのです。

他方、最後の今回の27章6節の言葉は、「美しいぶどう畑」の将来への約束の告知です。「時が来れば、ヤコブは根を張り　イスラエルは芽を出して花を咲かせ　世界の地の面《おもて》をその実りで満たす」。ここで約束されていることは、5節での神の和解の申し出にイスラエルの共同体が対応することで見えてくる光景です。ヤコブとイスラエルとは「全イスラエル」を意味しており、その将来に対する希望が植生の比喩で語られています。イスラエルの民が今後の世界の中でどのような広がりを見せるかが描かれているのです。

以上のように、27章の「新しいぶどう畑の歌」は、5章の「ぶどう畑の歌」を踏まえて生み出されたテキストです。両者とも、それを聴いている人々をその歌の世界に巻き込み、何事かを判断させ、何事かを決断させる力をもっているメタファーです。また、この二つの「ぶどう畑の歌」は、一方が、神からの「裁き」を明確にする歌であるとするならば、他方は神による「裁き」の要素を保ちつつも

（「茨とあざみ」）、「神との和解」を提起し、「救い」の約束に至る道を展望している歌です。

現在、イザヤ書を読んでいる私たちもこの二つの「ぶどう畑の歌」の間で、「正義と公正」の実現、神との和解、また信仰共同体の在り方について考えることを促されているように思います。

25　農夫の知恵、陶工の譬え（28・23〜29、29・15〜16）

預言者イザヤの根本的思想に「神の計画と人間の計画」の対比というテーマがあります。このテーマは初期の活動から晩年まで一貫しています。そもそも「計画する」「計画」という語は、宮廷政治において王ないしそれを支える指導者が、重要な政策決定（提言）の際に用いた語です（列王記上12・6〜15、「助言」［原語は『計画』と同じ］を参照）。イザヤがアハズ王と面会し、直接「気をつけて、静かにしていなさい。恐れてはならない」（7・4）という神の語りかけを伝えることができたのは、前述したように、預言者としての活動に入るまでは、「宮廷政治」を担う書記官に準じる働きをしていたことが大きく関係しています。他の預言者たちには報告されていないことです。イザヤはその宮廷政治に根差した語を用いて、「神の計画と人間の計画」を対比する預言者的視点を獲得していったのだと思われます。

例えば、5章19節においてエルサレムの指導者たちが「イスラエルの聖なる方を急がせよ。……その方の計画を近づけ、実行させせよ。そうすれば我々は認めよう」と神に対して挑発している際は、神の計画（歴史支配）への不信をイザヤは指摘して、厳しく非難しています。他方、14章24～27節においては、「計画する」「計画」という語を幾度も用いて、アッシリアの軛《くびき》からの解放が告げられています。しかもそれは、全地に向けて定められた「神の計画」であり、それを誰も覆せないと告げられています。

では預言者イザヤは、神が一度立てた計画を最後まで貫き通すという宗教的決定論を主張していたのでしょうか。それは誤った理解でしょう。イザヤは、神がその時々の歴史的状況に応じて介入するという歴史観をもっていました（10・5～15等）。そのことは「農夫の知恵」（28・23～29）と呼ばれる今回の譬えに示されています。

農夫の知恵に学ぶ

この部分は、イスラエルの知恵文学の伝統に根差した言い方を用いて、神の歴史支配がいかにその時々の状況に応じてなされているかを、農民の耕作を譬えとして取り上げて述べています。

二つの部分に分けられます。23～26節と27～29節です。最初に「耳を傾けて私の声を聞け。注意して私の言うことを聞け」という導入の言葉があります。そして「耕す者は、種を蒔くために　いつも耕すだけであろうか」という問いを発して、地面を平らにしたら、農作物を蒔き、植えて育てるものであると語ります。このことは農民の季節の変化に応じた生活に即した言葉ですが、それを「神はふさわしいしかたを彼（農民）に示し、教えられる」と述べています。

続いて、27～29節において、脱穀の場面が同様に描かれ、黒種草《くろたねそう》やクミンを例にして「穀物を砕いて粉にするとき　いつまでも脱穀することはない」と記されています。そして最後に「これもまた万軍の主から出たことである。主は驚くべき計画を行われ　大いなる洞察を示される」（29節）と結ばれています。すなわち神は、農民がよく知っているように、時（季節）に応じて、つまり人間の歴史的状況に応じてこの世界において働くということが語られています。そのことが「主は驚くべき計画を行われる」という文言に要約されています。つまり、「神の計画（歴史支配）」は人間から見て決定論に見える場合であっても、歴史的状況を踏まえて変化し、人間の目には常に「驚き」であることが語られています。

陶工の譬えに学ぶ

この「神の計画」と、それに対比される「人間の計画」という視点で見る時に、29章15～16節は大変に興味深いテキストです。同様に知恵の伝統に根差しつつ、今度は「人間の計画」と「神の計画」ということが、対比的に描かれているのです。

「災いあれ、謀《はかりごと》（計画）を主に深く隠す者に。彼らの所業は闇の中にある。彼らは言う。『誰が我らのことを見ているか。誰が我らのことを知っているか』」（15節）

この「災いあれ」で始まる言葉が、イザヤの活動時期のどの時点で語られたかは、定かでありません。おそらくは類似の内容が伝えられている、ユダ王国がエジプトに頼ろうとした活動後期の言葉であると思います（30・1、31・1以下）。人々（指導者たち）は、人間の思惑を神に隠し対外政策を行っていたのです。そのことが厳しく批判されています。その際に特徴的なことは、知恵の伝統に基づく比喩が用いられていることです。これは前述した「農夫の知恵」にも通じることです。「あなたたの考えは逆様《さかさま》だ。陶工が粘土と同じに見なされるだろうか。造られた者が、それを造った者に言えるだろうか『彼が私を造ったのではない』と。陶器が陶工に言えるだろうか『彼には分別がない』と」（29・16）。イザヤは陶工の仕事を譬えにして、巧みにその時代の「人間の行為」の愚かさを描き、創造者である神と被造物である人間の業を対比しています。

このことに関しては、イザヤの活動の中期に由来する明確な実例がテキストとして存在します。既に言及した箇所（10・5〜15）ですが、イザヤの預言者としての歴史観が明確に示されています。「災いあれ、私の怒りの鞭であるアッシリアに。その手にある杖は私の憤り」（5節）。この文言は、これまで神がアッシリアを「怒りの鞭」「憤りの杖」として、特に北王国イスラエルを裁くために用いてきたことを前提としています。しかし、アッシリアはその限定された役割を超えて、無際限な侵略政策を続けようとしているために、「災いあれ」と批判されているのです。すなわち、神はアッシリアを「怒りの鞭」「憤りの杖」として用いることをやめ、逆にアッシリアを裁き、批判することに転換したのです。

そのことが、10章15節において次のように記されています。「斧がそれを振るう者に向かって誇るであろうか。のこぎりがそれを引く者に向かって　威張ることができようか。それは、鞭がそれを振り上げる人を使い　杖が人を持ち上げるのに等しい」。この譬えは、結びの言葉として適切であり、イザヤが知恵の伝統に親しんでいたことが良く分かります。アッシリアはあくまでも神の道具であったのです。

知恵の伝統に学ぶ預言者

預言者イザヤはその告知に知恵の言葉を多く取り入れています。それはある時には「宮廷の知恵」であり、またある時には一般の庶民に根差した「氏族の知恵」です。そのような知恵の働きは、イザヤの場合には預言の言葉と融合され、極めて重要な概念を構成し、具体的な歴史状況への発信に生かされています。今回の「農夫の知恵」のテキストは、神の計画が、最初からすべて決定されているという誤解を解くのに十分な内容です。神の計画は人間にとって「驚き」そのものです。また、人間は謀（計画）を立て、何事かを行おうとしても、それを神の前に隠すことはできないことを「陶工と陶器の譬え」は明らかにしています。さらには、そのような「神の計画」と「人間の計画」の対立は、決して無時間的に語られるのではなく、預言者の場合には人間の歴史的状況に即して告げられていると言えます（10・5と10・15を参照）。

神の計画は人間の思いを超えた仕方で歴史に関わり、人間の謀は神の前に明らかにされ、それによって神は人間の歴史を導くということが、預言者的歴史観として提示されています。

26 エジプトに頼るな（30・1～5、31・1～3）

「イザヤの黙示録」（24～27章）以降、28～31章には、イザヤの活動後期に由来するテキスト、またそれ以降の多様な内容を提示している箇所がまとめられています。しかもそれらの多くは「災いあれ」という裁きの文脈に置かれ、対象は、エフライム（エルサレム、28・1）、アリエル（エルサレム、29・1）、謀《はかりごと》を隠す指導者たち（29・15）、頑なな支配層（30・1）、エジプトに助けを求める者たち（31・1）に及んでいます。これらの五つのグループはいずれもイスラエル及びシオンの指導層の問題点を厳しく指摘しています。それは5章8節から24節まで六回の「災いあれ」という一連の告知（本書72ページ以下参照）を思い起こさせる編集となっています。しかも、「災いあれ」と告げられている対象が「シオンの指導者層」に特に集中しています。このことは、イザヤ書全体が「シオン」の堕落とその回復を中心に展開していることと関係しています。

災いあれ、エジプトに頼る者

28～31章の「災いあれ」という裁きの言葉の中で、時代背景が明白であり、当時のエルサレムの指導者層の動向がよく分かるテキストは、30章1～5節と31章1～3節です。この二つはイザヤの活動後期に由来するもので、アハズ王の後継者のヒゼキヤ王の時代を背景としています。アッシリアがパレスチナに進攻し、北王国イスラエル（エフライム）を滅ぼした後（紀元前七二二年）、南王国ユダはアッシリアの脅威に直接、さらされることになります。その状況の中で、南王国ユダはエジプトに頼る政策を採ろうとしますが、イザヤはその政策について批判を展開しています。

まず、30章1～5節を見てみましょう。「かたくなな子らに災いあれ――主の仰せ。彼らは謀を巡らすが　それは私から出たものではない。同盟を結ぶが　私の霊によってではない。こうして彼らは罪に罪を重ねている」（1節）。ここで「謀」とは人間の計画ということですが、前回の29章15節にまさに述べられていたことです（「災いあれ、謀を主に深く隠す者に」）。また、同盟を結ぼうとするが、「私の霊によってではない」も同じ意味です。

さらに、エジプトやファラオという具体例をあげ、その支援の庇護に頼ることの危険性を警告しています。

この箇所に関連して、イザヤがより根本的に問題としていることは、エジプトとの同盟関係は「死との契約」であるということです。28章14〜15節にこう記されています。「それゆえ、嘲る者たちよ、主の言葉を聞け。エルサレムでこの民を支配する者たちよ。あなたがたは言った。『我々は死と契約を結び　陰府と協定を結んだ。洪水がみなぎり、溢れても　我々のもとには達しない。我々は偽りを逃れ場とし　欺きに身を隠した』」。これは無論、エルサレムの支配者たちが実際に語った言葉ではなく、預言者イザヤの視点から見て、エジプトとの同盟関係は「死との契約」であり、最大の脅威であるエジプトを逃れ場としているようなものだと、皮肉を込めて述べているのです。そして、エルサレムの支配者たちが立てた死との契約は、結局は取り消されると記されています（28・18）。

次に、「災いあれ」と告げられている31章1節においては、エジプトとの同盟関係がより具体的に語られています。「災いあれ、助けを求めてエジプトに下り　馬を頼みとする者に。彼らは、戦車の数が多く　騎兵が強力であることに頼り　イスラエルの聖なる方に目を向けず　主を求めようともしない」（1節）。ここではエジプトとの同盟政策が、軍事を目的としたものであることが明白となっています。しかし同時に、それが宗教的側面をもつことを踏まえ、「エジプト人は人であって、神ではない。彼らの馬は肉であって、霊ではない」（3節）と展開されています。つまり、エジプトとの同盟を結ぶことは、結局はエジプト人を神とし、エジプトの軍事力を絶対化することに繋がるというのです。

静かにして信頼していることにこそ

この箇所に関連してイザヤが問題としていることは、30章15～16節に示されているエルサレムの指導者たちの姿勢です。「主なる神、イスラエルの聖なる方はこう言われる。『立ち帰って落ち着いていれば救われる。静かにして信頼していることにこそ　あなたがたの力がある。』しかし、あなたがたはそれを望まなかった。あなたがたは言った。『いや、馬に乗って逃げよう』と。それなら、逃げてみればよい。『速い馬に乗ろう。』それなら、追っ手はなお速い」。この「静かにして信頼していることにこそ　あなたがたの力がある」という言葉は、イザヤがアハズ王に語りかけた言葉と近く（7・4）、それを拒否することは神への背信行為です。エルサレムの指導者たちは、あと一歩でエジプトの軍事力に頼り、結局は「死との契約」を結ぶことになるということを予想させる内容となっています。

さて、30章1～5節と31章1～3節は確かに、「エジプトに頼るな」ということを「災いあれ」という言葉で厳しく警告していることに間違いなく、イザヤの活動後期の特徴を示しています。ただ、それは単なるエジプト批判ではなく、むしろ問題の根本は、エルサレムの指導者層が、「謀」（計画）

を神によらずに立て、同盟政策を「神の霊」によらずに進めていることにあると言えます。とりわけ、エジプトとの同盟は、「死者礼拝の国」と契約を結ぶことであり、それはイスラエルの神との契約関係を根本的に崩壊させることになるとイザヤは考えていたのです。30章3節の「しかし、あなたがたにとってファラオの庇護は恥　エジプトの陰に身を寄せることは辱めとなる」が意味するのは、エジプトとの同盟が、一時的に大国の勢力に頼ることに留まらず、イスラエルの民であるというアイデンティティの崩壊をもたらすことです。

エジプトに頼ることはできない

そのことは、31章1〜3節に関しても指摘できます。確かにエジプトに助けを求めることは、一つの軍事的な選択肢のように見えます。「馬の多さ」「戦車の数」「騎兵が強力であること」は、アッシリアの侵略にさらされている困難な状況にあっては魅力的に思われます。しかし、その力に頼ろうとして、イスラエルの聖なる方に目を向けないことは、南王国ユダの存立基盤に関わることであり、やはりイスラエルの民のアイデンティティに関わることでした。しかも、「エジプト人は人であって、神ではない。彼らの馬は肉であって、霊ではない」（3節）という言葉は決定的なことです。それはイスラエルの神との契約関係の根本に関わり、神以外のものを神格化しないというイスラエルの基本姿勢への問いかけです。その根本的なアイデンティティを放棄することはあってはならないことでした。

30章1節の「かたくなな子らに災いあれ」という言葉と、31章1節の「災いあれ、助けを求めてエジプトに下り　馬を頼みとする者に」という言葉はエルサレムの指導者層に向けられたものです。従ってこれを語った預言者イザヤの意図は、エジプトの問題性をただ告発することではなく、何とかイスラエルの民がアイデンティティを保つために、「エジプトに頼ることはできない！」というメッセージを人々に伝えることにあったと言えます。

27 報復 荒廃から再生へ（34〜35章 I）

34〜35章は、従来「イザヤの小黙示録」と呼ばれてきました。それは、24〜27章の「イザヤの黙示録」との対比で言われてきた名称です。もちろんこの黙示的部分をイザヤが書き記したということではありません。時代的には後の黙示思想家がイザヤ書の諸伝承を手にして、「荒廃と再生」というテーマと取り組み、それをまとめたのがこの部分です。最近では、34章が現在のイザヤ書13〜33章の結びの役割を果たし、35章が40〜55章（第二イザヤ）への展望を示している、というイザヤ書全体の大きな構成に関わる部分として注目されてきています。

荒廃の徹底性と再生の希望

まず、34章と35章の内容を見てみましょう。

34章1節は、導入の言葉です。諸国の民と、地とそこに満ちるものに向けて、裁きの告知が始まります。続いて2～4節において、その裁きが黙示的イメージで描かれ、「天の全軍は朽ち果て　天は巻物のように巻かれる」とあるように裁きが宇宙的規模で行われることが示されます。一方、5～10節において、その神の裁きは、特定の民であるエドムの上に下り、エドムが荒廃の地となる様子が記されます。それは徹底したもので、エドムの地は燃えあがる樹脂となり、「代々《よよ》にわたってその土地は廃虚となり　永遠にそこを通る者はない」（10節）と告げられています。そして、11～17節では荒廃の現実が、ジャッカルやハイエナを始めとする荒廃を象徴する動物たちの住処となると表現されています。

他方、35章においては一転して、荒廃した地が再生する姿が描かれます。「荒れ野と乾いた地は喜び　砂漠は歓喜の声を上げ　野ばらのように花開く。……人々は主の栄光と私たちの神の輝きを見る。弱った手を強くし　萎えた膝を確かにせよ」（1～3節）。この文言は、34章で示された荒廃の地が、神の力によって再生する姿を生き生きと描き出しています。「荒れ野」「乾いた地」「砂漠」が変容すること、人々の「弱った手」「萎えた膝」が強められ確かにされることが、一息で語られています。続いてその回復と再生の諸局面が、多様な仕方で豊かに描かれます。「その時、見えない人の目は開けられ　聞こえない人の耳は開かれる」（5節）に始まり、人間の困難な状況が克服されることと、自然の変容（6節「砂漠にも流れが湧き出る」）、さらには危険な飢えた獣が上がってこない「大路《おおじ》」が敷かれると告げられるのです。この「大路」は、神によって贖い出された者たちがシオンに「帰って来る」道となると告知されています。

以上のように、34章と35章は、テーマこそ「裁きと救済」という全く対照的な内容ですが、互いに各部分が対応している構成となっています。大きく全体を概観してみます。

「導入」（34・1）
　A「諸国民とエドムへの審判」（34・2〜10）
　　B「荒廃の叙述」（34・11〜17）
　A´「荒れ野の再生」（35・1〜4）
　　B´「シオンの回復の叙述」（35・5〜10）

このような緊密な構成となっている最も大きな理由は、34章8節と35章4節の言葉です。二つの節を併記してみます。

34章8節「それは主にとって報復の日　シオンの訴えに応じて報いる年」

35章4節「心を騒がせている者たちに言いなさい。『強くあれ、恐れるな。見よ、あなたがたの
神を。報復が、神の報いが来る。神は来られ、あなたがたを救う』」

この二つの節には、「報復」という同じ語が使われていますが、置かれている文脈において意味に違いと共通する面があります。

34章8節の「報復」は私たちが通常、報復という語で思い浮かべる意味に近いと言えます。神の裁きの対象とされているエドムとイスラエルは歴史的にしばしば対立関係にありました。そのことを踏まえると、シオン（エルサレム）から神への訴えが取り上げられて、神にとってエドムに「報復する日」が来たと理解することができます。「報復」という語にはそれ程強い意味があります。

他方、35章4節の「報復が、神の報いが来る。神は来られ、あなたがたを救う」という文言は理解しにくい面があります。神は「報復の神」であるとすると、その神が来て「あなたがたを救う」とはどのような意味なのでしょうか。

そもそも「報復」（ナーカム）という語は、旧約聖書の言語であるヘブライ語もその一つであるセム語では、単に「仕返しをする」ことではなく、基本的には「バランスがくずれている関係を正す。正しい統治を回復する」という意味です（旧約学者左近淑の教示による）。

そうであるならば、旧約聖書の「報復の神」とは、報復に次ぐ報復という人間の現実を正当化する

ものではありません。むしろ神の正しい統治の回復を祈るのが、人間の取るべき態度であることを意味しています。

神による「報復」と人間による「報復」の違い

そこで、34章8節と35章4節の「報復」という語を再度吟味するならば、このように理解することができます。34章の「報復の日」とは、神によってシオンとエドムの関係が正され、神の統治が回復される日が訪れたということです。他方、35章の「報復が来る」とはシオンに救いの時が訪れ、「荒れ野」「乾いた地」「砂漠」が再生され、弱った者たち、また困難を抱えた者たちに、神によって回復がもたらされるということです。ですから、「報復」と「救い」ということが一息で語られているのです。

人間が自分の力によって敵対勢力に対して「報復」を行おうとすると、それは報復の連鎖になります。そのような事例は旧約聖書において多く報告されています。しかし、人間ではなく神が「報復」する場合、厳しい裁きの中にも救いのヴィジョンが旧約聖書においては必ず示されます。その典型的事例が34章8節の「報復の日」と、35章4節の「報復が、神の報いが来る」という文言で示されています。

34章は、神による諸国民に対する宇宙的な規模での裁きを語り、それをイスラエルと対立関係にあったエドムの地の荒廃として描き出します。その荒廃した地はジャッカルやハイエナ等の住処となると記されています。それに対して、35章では「荒れ野」である自然世界の変容が語られ、人間の様々な困難は克服され、「神によって贖われた者たち」がシオンに帰って来る道として、「大路」が敷かれることが告げられています。

この部分が書き記された時代は定かではありませんが、しかし、34章16節の「主の書を調べて、読め」という文言から、イザヤ書がまとめられる最終段階に属するテキストであると言えます。そして、イザヤ書が全体として「荒廃から再生へ」「裁きから救済へ」という方向性をもっていることを示しています。

28　荒れ野の変容とシオンへの帰還（34〜35章 Ⅱ）

「イザヤの小黙示録」は、「荒廃と再生」というテーマと取り組み、それを「神の報復」（34・8、35・4）という語で結び付けた黙示的な詩であることを前回述べました。またこれも前述したことですが、最近では、34章（荒廃のテキスト）が現在のイザヤ書13〜33章の結びの役割を果たし、35章（回復のテキスト）が、40〜55章（第二イザヤ）への展望を示している、というイザヤ書全体の大きな構成に関わる部分として注目されています。

諸民族世界の裁き

そこでまず、34章と13章の関係を考えてみましょう。

13章は最初に「バビロンについての託宣」という表題が付いていますが、実際に「バビロン」という固有名が出てくるのは19節です。しかも、13章全体は黙示的イメージを用いて、世界勢力となり諸国を圧倒している国への裁きの言葉が展開されています。「見よ、主の日が来る。容赦ない憤りと燃える怒りをもって　地を荒廃させ、そこから罪人を絶つために。空の星と星座は光を放たず　太陽が昇っても暗く、月もその光を照らさない」（9～10節）。このような宇宙論的世界審判が、諸国民を集めてなされる（4節）ことは、バビロンは歴史的実体であると同時に、神に敵対する勢力の象徴として描かれていることを示します。34章の諸国民への裁きの場合も同じです。エドム（5節）は黙示的世界審判を受ける象徴的地名としてその名が挙げられているのです。また、13章21節で挙げられている諸動物とデーモン的存在は、荒廃の象徴として34章13～14節にも登場しています（ジャッカル、ハイエナ、鷲みみずく、山羊の魔神）。従って、34章の「エドムの荒廃」の姿は、確実に13章の「バビロンの崩壊」の託宣を踏まえ提示されていると言えます。

荒れ野の変容と第二イザヤ

次に、35章と40～55章の関係を、「荒れ野の変容モティーフ」と「大路《おおじ》のモティーフ」に焦点を当てて見てみます。

35章1節以下においては、荒れ野の変容という驚くべき事態が活き活きと描き出されています。

「荒れ野と乾いた地は喜び　砂漠は歓喜の声を上げ　野ばらのように花開く」。このような「荒れ野」の変容というモティーフは「第二イザヤ」（40〜55章）の部分において見られます。41章17〜20節においては「荒れ野」「乾いた地」「荒れ地（砂漠）」という三つの語がすべて使われ、苦しむ人や貧しい人が水を求めるならば、「私は荒れ野を池に変え　乾いた地を水の源とする。……荒れ地に糸杉、にれ、つげの木を共に植える」と記されています。

また、そもそも「第二イザヤ」の冒頭において「荒れ野に主の道を備えよ。私たちの神のために荒れ地に大路をまっすぐに通せ」という呼びかけがあり、起伏のある地は平らに、険しい地は平地となれと語りかけられています（40・3〜4）。これはバビロン捕囚から帰還する道を開くという直接的な意味ではなく、自由の道を神自身が開くという比喩的な表現であるので、35章1〜2節に近いと思います。さらに51章3節には「荒れ野の変容」自体は記されていませんが、このような賛歌が記されています。「主はシオンを慰め　そのすべての廃虚を慰め　荒れ野をエデンのように　荒れ地を主の園のようにされる。そこには喜びと楽しみ、感謝と歌声がある」。この賛歌は内容的に35章の「荒れ野の変容」の詩に近く、両者は響きあっています。

また、少し長いテキストとしては、「荒れ野の変容」を伴っている重要な告知があります。それは43章16〜28節にある出エジプト伝承に基づくものです。長いバビロン捕囚の困難の中で人々はかつてのモーセによる出エジプトを懐かしみ、過去のことを思い巡らして生きていたと思われます。そのイスラエルの民に神は、昔にあったことを思い起こすなと語りかけます。そして、「見よ、私は新しいことを行う」と告げます。以下、印象的な文言なので、そのまま引用します。「見よ、私は新しいことを行う。今や、それは起ころうとしている。あなたがたはそれを知らないのか。確かに、私は荒れ野に道を　荒れ地に川を置く。野の獣もジャッカルも鷲みみずくも、私を崇める。私が荒れ野に水を、荒れ地に川を与え　私の民、私が選んだ者に飲ませるからだ」（43・19～20）。

この告知において神は、荒れ野に変容を起こすことだけではなく、荒廃の象徴であるジャッカルや鷲みみずくも、「私を崇める」と告げています。このメッセージは35章7節の「ジャッカル」が登場する箇所と共鳴しています。「熱した砂地は池となり　干上がった土地は水の湧く所となる。ジャッカルが伏していた所は　葦やパピルスが茂る所となる」。すなわち、35章の「荒れ野の変容」という驚くべき事態は、「新しい出エジプト」という43章の出来事の兆しとされているのです。この場合にも、相互のテキストが響きあっています。

「大路」と帰還の道

一方、35章8節に示されている「大路のモティーフ」は、第二イザヤにおいて何度か用いられています（40・3〜5、49・11〜12）。「そこには大路が敷かれ　その道は聖なる道と呼ばれる。汚れた者がそこを通ることはない。それは、その道を行く者たちのものであり　愚かな者が迷い込むことはない」。そして、この「大路」と訳される道とは、「贖われた者たち」の道であり、そこを「主に贖い出された者たち」が帰って来る道のことです。つまり、35章8節の文脈において念頭に置かれているのは歴史的に言えば、バビロン捕囚から解放された人々がたどるエルサレム（シオン）への帰還の道です。

そのエルサレムへの帰還ということが最も明確な箇所は、49章11〜12節です。「私はすべての山々を道に変え　私の大路を高くする。見よ、人々が遠くから来る。見よ、北からも西からも　また、シニムの地からも来る」。この文言は、35章8節の内容と近く、両者は極めて緊密な関係にあります。

他方、40章3節の「大路」は、マルコ福音書1章3節に引用されている有名な言葉です。「荒れ野で叫ぶ者の声がする。『主の道を備えよ　その道筋をまっすぐにせよ』」とあります。これはイザヤ書からの自由な引用ですが、内容的に正確なものです。つまり、40章3節では、人々が通る道ではなく、荒れ野に敷かれる「神が通る道」のことが言われています。「荒れ野に主の道を備えよ。私たちの神のために　荒れ地に大路をまっすぐに通せ」。これは依然として解放の時を待つ人々に語られている呼びかけです。ですから、イエスの道を備えたバプテスマのヨハネの登場にふさわしいとされたのだと思います。
それに対して、35章8節の「大路」は明らかに、神が通る道ではなく、「主に贖われた者たち」が帰って来る道です。おそらくは、イスラエルの人々がバビロン捕囚から解放された後も、バビロニアの各地に離散していた人々の「シオンへの帰還」が続いていたと考えられます。
このように、35章8節の「大路」と40章3節の「荒れ野」に通される「大路」には、人々の通る道か、神の道かという相違点があります。ただし「荒れ野の変容モティーフ」と「大路のモティーフ」が、35章7～8節と40章3節において結びついていることから、両者の関係が意識されていると言えます。
「ジャッカルが伏していた所は　葦やパピルスが茂る所となる。そこには大路が敷かれ　その道は聖なる道と呼ばれる」（35・7～8）
「荒れ野に主の道を備えよ。私たちの神のために　荒れ地に大路をまっすぐに通せ」（40・3）
冒頭で述べたように、34章（荒廃のテキスト）は現在のイザヤ書13～33章の結びの役割を果たしています。また35章（回復のテキスト）は40～55章（第二イザヤ）への展望を示しています。「イザヤの小黙示録」はそのような広がりをもって、読者がイザヤ書を読み解くために必要不可欠なテキストです。

29 アッシリアと対峙するイザヤ・ヒゼキヤ（36〜37章）

イザヤ書36〜39章はこれまで「イザヤ・ヒゼキヤ物語」と呼ばれ、一般的にはイザヤ書1〜35章の歴史的付記と見なされてきました。ヒゼキヤ王の時代にアッシリアによってエルサレムが攻囲されたことを記している列王記下18章13節〜20章19節と多くの部分で共通しています。その内容はもちろんですが、語句の選定に至るまで、ほぼ同一となっています。それゆえ、36〜39章がイザヤ書の不可欠な部分として読まれることはほとんどありませんでした。

しかし、近年イザヤ書の1〜39章と40〜66章の全体を統一体として読むということが提唱され、書物の大きな構成の中で36〜39章を読むことの意味と重要性が確認されてきています。そのことを中心として、この部分がイザヤ書の全体構成の中でどのような役割を果たしているかを見てみたいと思います。

イザヤ・ヒゼキヤ物語と列王記

まず指摘できることは、36章の冒頭部分のところです。ここで列王記下18章14～16節が削除されています。この部分にはヒゼキヤがアッシリアに朝貢し、未然にアッシリアによる脅威を回避しようとしたことが記されていますが、このような行動はヒゼキヤにふさわしくないと判断されたのです。その逆に38章9節以下の「ヒゼキヤの詩編」は、列王記下の叙述には記されていません。ヒゼキヤは病に倒れ、そこからの癒やしを切に神に祈ったのですが、その神と向き合う姿勢がイザヤ書では高く評価されています。

すなわち、イザヤ書の「イザヤ・ヒゼキヤ物語」においては、ヒゼキヤ王を名君として「理想化」しようとする傾向があります。このことは、列王記の叙述と並行する部分においても、イザヤ書の中では強調されていると言えます。それは「しるしのモティーフ」が記されている部分において示唆されています。「これがあなたへのしるしである」（37・30）、「これが主からのしるし、主が約束を果たされることを示すものである」（38・7）。この「しるし」は、最初の「しるし」がアッシリアの脅威から守られる約束であり、二番目の「しるし」は、そのことに加え、病気が癒やされるという約束も示しています。いずれも列王記下にも記されていることです。しかし、イザヤ書の場合には、7章11

～14節において、アハズ王が神にしるしを求めることを拒んでいることと対比されています。すなわち、神からしるしを求めないアハズ王に対して、しるしを受け止めるヒゼキヤ王の姿勢が評価されていると言えます。

アッシリアとの対峙

次にヒゼキヤとイザヤの動きに着目して、王と預言者がどのように超大国であるアッシリアの脅威に対応したかを見てみたいと思います。ほぼ同じパターンの叙述が二回繰り返されています。

まず、アッシリアの王は家臣ラブ・シャケを大軍と共に、エルサレムのヒゼキヤ王のもとに送り込みました。そこでラブ・シャケは三人のヒゼキヤ王の家臣を相手に、ヒゼキヤがエジプトを頼りにしていることを批判し、さらにユダの言葉で一般の兵士たちにもそのことを訴えました。「ヒゼキヤが、『主が私たちを救い出してくださる』と言っても惑わされるな。諸国民の神々は、アッシリアの王の手から自分の国を救い出したか」（36・18）。ラブ・シャケは、このようにアッシリアの王の言葉を伝えました。

それを聞いたヒゼキヤは、預言者イザヤに三人の家臣を遣わします。そして神を罵《ののし》るラブ・シャケの言葉をイザヤの神が聞かれたことを確かめ、「あなた（イザヤ）はここに残っている者たちのために祈りを献げてください」（37・4）と願っています。イザヤはその要望に対して「アッシリアの王の家臣たちが私（神）を冒瀆する言葉を聞いても、恐れるな」（6節）という神の言葉を伝え、アッシリアの王は自分の国へ引き返すことになると告げています。その後、実際にラブ・シャケは一度撤退し、アッシリアの王と落ちあっています。これが、一度目のヒゼキヤとイザヤのやり取りです。

次に、アッシリアの王は再びヒゼキヤに使いを送り、「お前は、エルサレムがアッシリアの王の手に渡されることはないなどと言って、神に頼っているが、その神にだまされるな」（10節）と手紙で伝えます。それを読んだヒゼキヤは、神殿に上り神に祈ります。

その祈りの中で、確かにアッシリアの王たちはすべての王国とその領土を荒廃させ、彼らの神々を火に投げ込んだが、「それらは神ではなく、木や石であり、人の手で造られたものにすぎないので、滅ぼすことができたのです」（19節）と述べています。そして、「私たちの神、主よ、どうか今、私たちを彼（アッシリアの王）の手から救ってください」と願っています（20節）。

そのことを知ったイザヤはヒゼキヤに、預言者として神の言葉を告げます。それは詩文の形をとったものですが、アッシリアの王の本質を明らかにするものになっています。「私（アッシリアの王）は井戸を掘って水を飲み　エジプトのすべての流れを　私の足の裏で干上がらせた」（25節）。これは傲慢そのものであり、とうてい神が認めるところではないことでした。そのことを踏まえて、アッシリアの王について、「彼がこの都に入ることはなく」「彼は元来た道を引き返す」と告げられています（33～34節）。

このことが実現した経緯についてはは37章36～38節に記されています。神による奇跡としか言い得ないことですが、アッシリアの王センナケリブは、エルサレム攻囲を解き退却したのです（紀元前七〇一年）。

王と預言者の応答関係

最初、アッシリアによる「脅威」がまず記され、それに対するヒゼキヤ王の「反応」が描かれます。続いて預言者イザヤはヒゼキヤ王の求めに応じて「託宣」を語ります。そして、「救い」がもたらされるということが二回繰り返されています。その中での緊迫した王と預言者とのやり取りが印象的に描かれています。王と預言者の応答関係のモデルが示されていると言えるでしょう。

もちろん、これは列王記下の記述を基にした文学的構成によるものです。列王記下の記述に「削除」「改変」を加えてイザヤ書の特徴を出しています。それは次回扱う38章の「ヒゼキヤの詩編」の前後関係についても妥当します。従ってこの「イザヤ・ヒゼキヤ物語」は、列王記下の記述とは異なる、イザヤ書独自のメッセージを発している部分となっています。それは、ヒゼキヤ王と預言者イザヤの応答関係を介した「シオン回復」の使信です。

また、「イザヤ・ヒゼキヤ物語」は、アッシリアによるエルサレム攻囲（前七〇一年）が極めて大きな危機であったと同時に、そこからの救いが、イザヤ以降の時代の人々にとって、特にバビロン捕囚（紀元前六世紀）を挟んで生き抜いていく人々にとって、忘れがたい記憶として心に刻まれていたことを示しています。

30　ヒゼキヤの祈り（38〜39章）

先回取り上げた「イザヤ・ヒゼキヤ物語」は、イザヤ書独自の「改変」等が加えられて現在の形にまとめられています。その中でも「ヒゼキヤの詩編」（38・9〜20）は、列王記下には全く記されておらず、最大の特徴となっています。また前回見た36〜37章で二回繰り返されているパターンは、この詩にも見られます。「脅威」（ヒゼキヤの病）、ヒゼキヤの「反応」、イザヤの「託宣」、「救い」（ヒゼキヤの回復）という叙述になっています。その中で「しるしのモティーフ」が途中に組み込まれ、イザヤの託宣が確かであることが示されています。37章30〜32節にある最初の「しるしのモティーフ」は、エルサレムが危機に瀕しながらも、生き残ることが「しるし」によって示されています。続く38章7〜8節の「しるしのモティーフ」の場合は、ヒゼキヤの病からの回復が示唆されています。

ヒゼキヤの病気とエルサレムの危機

ここで注目すべきは、文章構成として「エルサレムの滅亡の危機」と「ヒゼキヤの病気」が緊密な関係に置かれていることです。確かに両者の間に本質的な関係はありません。しかし、王としての職務を担う者として、その人物が病に倒れることは、政治・軍事・外交政策が滞ることを意味します。エルサレムが今後どうなるのかという問題とヒゼキヤの病は相互に関連しています。預言者イザヤは託宣の中で、「私のため、また私の僕ダビデのため　私はこの都を守り、これを救う」（37・35）と伝え、またヒゼキヤが「死の病」を知らされた後も、「アッシリアの王の手から、あなたとこの都を救い出す。私はこの都を守る」（38・6）と告げています。「エルサレムの滅亡の脅威」と「ヒゼキヤの死の病」とが結びつけられているのです。

そこで、ヒゼキヤの反応と祈りに着目して、ストーリーを追ってみましょう。

ヒゼキヤは「死の病」という危機に直面し、神に祈りを捧げています。そして、「涙を流し激しく泣いた」と記されています（38・3）。このような王の姿が描かれることは稀です。ヒゼキヤもまた大きな権力をもつ王であり、涙を流して泣くということから遠い存在であったと思います。しかし、病の癒やしを願う「ヒゼキヤの祈り」は切実なものでした。

「私は言った。人生の半ばで私は行かなければならない。陰府の門に、残りの年月《としつき》を引き渡して」

（38・10）。これは嘆きの言葉です。また「私は機《はた》を織る者のように自分の命を巻き終わった」（12節）とも述べています。ヒゼキヤは自らの苦境を訴える言葉を重ねていきます。しかし、その後に、「どうか私を守ってくださるように」（14節）、「私を健やかにし　どうか私を生かしてくださるように」（16節）と嘆願しています。

この詩の後半は、「私の受けた苦悩は、平安のためであった」という言葉で始まり、「あなたは私の魂を　滅びの穴から引き上げてくださった」（17節）と感謝しています。この変化は詩編の中の嘆きの詩に見られるものであり、「嘆きから賛美へ」という基本的方向性は同じです。そして、最後に「主は私を救ってくださる。私たちは、命あるかぎり主の家で音楽を奏でよう」（20節）という呼びかけの言葉で終わっています。この呼びかけはヒゼキヤ個人の祈りですが、それが共同体の祈りとなっていくことを示唆しています。

それに続く、38章21～22節においても列王記下の叙述とは違う記述があります。イザヤが、いちじくを干して持って来させ、それを腫れ物に当てるならばヒゼキヤは回復すると約束するのですが、ヒゼキヤは「私が主の神殿に上ることができるというしるしは何でしょうか」と尋ねています。ここに三回目の「しるしのモティーフ」が明確に認められます。その問いにイザヤは応答していませんが、ヒゼキヤが預言者に対して積極的に「しるし」を求めていることは明白です。

預言者が示した「しるし」

このように、38章の叙述に「ヒゼキヤの祈り」が組み込まれていることによって、預言者と王との新たな関係が明確に示されていると言えます。すでに37章30～32節において、ヒゼキヤは神からの「しるし」を受け止めています。これはアッシリアの脅威から解放されるということを約束するものです。他方、38章7～8節の二回目の「しるし」は病からの回復を約束するものです。そして、38章21～22節の三度目の「しるし」は、ヒゼキヤが自ら預言者に求めたものであり、王としての職務復帰を暗示しています。ヒゼキヤ王は預言者イザヤを信頼し、これらの重大事について預言者に確認しつつ歩んでいたことが分かります。

これと対照的なのは、イザヤ書7章に記されているアハズ王と預言者イザヤの関係です。イザヤは、アハズに「あなたの神である主にしるしを求めよ。陰府の深みへと、あるいは天へと高く求めよ」（7・11）と語りました。しかし、アハズは「私は求めません。主を試すようなことはしません」と答えました。それに対してイザヤはアハズをこのように批判しています。「聞け、ダビデの家よ。あなたがたは人間を煩わすだけでは足りず、私の神をも煩わすのか」（7・13）。このことは、アハズ王を中心とするダビデ王朝に対する批判ですが、その中でもアハズが神からのしるしを拒否したことが、背信行為とされています。これに対して、38章のヒゼキヤ王は、二回の「しるしのモティーフ」を経て、三回目はヒゼキヤ自身がイザヤに「しるし」を求めています（38・22）。このヒゼキヤと7章のアハズの姿勢は対比され、預言者を介した神と王との関係がどうあるべきかが示されています。しかも、アハズ王は最も重要な神が与える「しるし」（インマヌエル預言）を正しくは受け止められなかったのですから、アハズ王とヒゼキヤ王の違いは歴然としています。

また、38章の「ヒゼキヤの祈り」は他の箇所には報告されていない内容であるので、その詩自体が掛け替えのない価値をもっています。基本的には詩編に多く収録されている「個人の感謝の詩編」に近いと言えます。嘆き、願い、信頼の告白、感謝、賛美という「個人の感謝の詩編」の要素がほとんど含まれていますが、このような祈りを王であるヒゼキヤが捧げたこと自体が重要です。ヒゼキヤは「死の病」に直面したのですが、その病は「エルサレムの滅亡の危機」と結びつけられています。それは前述のように、イザヤが託宣において、「私（神）はこの都を守り、これを救う」（37・35）と告げ、その後、ヒゼキヤの病気のことが分かってからも「あなたとこの都を救い出す。私はこの都を守る」（38・6）と告げていることから、明らかです。つまり、ヒゼキヤ王の「死の病からの回復」は、アッシリアの「脅威からの解放」を示すものとして受け止められているのです。

ヒゼキヤ王がどのような信仰をもっていたのかについて、他の箇所ではほとんど知らされていません。しかし、イザヤ書の「イザヤ・ヒゼキヤ物語」を通して、王として都エルサレムの危機的状況に直面しても、また自らの「死の病」の中にあっても、詩編のような祈りを捧げうる人物として記憶されています。このことは、後の時代においてイスラエルの民が生き延びていく支えとなったと言えるでしょう。

バビロン捕囚の予告

ただし、39章に後日談が記されています。それはヒゼキヤが病気から回復したことを聞いたバビロンの使者たちがエルサレムを訪れた時のことです。ヒゼキヤは彼らを歓迎して宝物庫のものをすべて見せてしまったのです。それを知ったイザヤは、「見よ、王宮にあるものすべて、あなたの先祖が今日まで蓄えてきたものすべて、それがバビロンへ運び去られる日がやって来る。何一つ残されはしない」（39・6）とヒゼキヤに告げたのです。このことは列王記下20章16～17節にも伝えられていることです。ヒゼキヤの王としての責任が問われるところです。しかし、ここではイザヤ書全体で、紀元前五八六年のバビロン捕囚当初のことについて明記されているのはこの箇所だけであることを指摘しておきたいと思います。イザヤ書40章以下において、バビロン捕囚当初の出来事はすでに過去のことになっています。つまり、39章は40章以下の文脈を準備していると言えます。

あとがき

イザヤ書が古代キリスト教会において、新約聖書の四つの福音書と並んで「第五の福音書」として親しまれ読まれてきたことは、本書の冒頭において既に述べました。このことはイザヤ書の理解において、さらには新約聖書の福音理解にとって、有益な認識であると思います。

他方、福音書のみならずパウロ書簡等においても、イザヤ書からの引用が多くなされています。それは、直接的引用、暗示、言い換えを含めると四百箇所以上になります。このことはそもそも新約聖書諸文書の成り立ちにイザヤ書が多様な仕方で貢献していることを示しています。

この上巻では1～39章を扱ってきましたので、その範囲内でイザヤ書からの重要な引用について少し見てみましょう。

本書第11章（本書84ページ以下）で扱ったイザヤ書6章9～10節の「頑なの預言」は、マルコ福音書をはじめ福音書と使徒言行録に引用されています（「イエスが譬えを用いて話す理由」＝マタイ13・10～17、マルコ4・10～12、ルカ8・9～10、「イエスを信じない者たち」＝ヨハネ12・38～40、「異邦人とユダヤ人」=使徒28・26〜28）。しかもこれらの箇所においてイザヤ書のテキストは実に多様に解釈されています。

一方、パウロは具体的に「イザヤ」の名を挙げてその言葉を引用しています。ローマの信徒への手紙9章27節、29節、15章12節等です。これらの箇所はユダヤ人と異邦人問題を扱っていますが、初代の教会にとって福音の普遍性に関わる重大な課題でした。

このように、イザヤ書は新約聖書のテキストを介して、「ナザレのイエス」理解、また初代教会の異邦人に開かれた福音理解に多大な貢献をしています。「イザヤ書を読む」ということは、新約聖書の「イエス・キリストの福音」の理解にとって必要不可欠な要素だと思います。

本書執筆に際して、一つの箇所の解説から、可能な限りイザヤ書全体を展望できるように心がけました。また、必要な限り新約聖書との関係、さらに現代に通じる問題についても言及しています。続く『イザヤ書を読もう　下巻　慰めよ、私の民を』と共に読んでいただければ幸いです。

二〇二四年盛夏

大島　力

大島《おおしま》　力《ちから》

1953 年生。東北大学文学部史学科卒（西洋史専攻）、東京神学大学大学院博士課程後期修了（旧約聖書神学）。
日本基督教団石神井教会牧師を経て、青山学院大学宗教主任・経済学部教授。現在、青山学院大学名誉教授、博士（神学）。

著書:『VTJ 旧約聖書注解　イザヤ書 1 〜 12 章』『聖書は何を語るか』『聖書の中の祈り』『預言者の信仰　神から遣わされた人々』（以上、日本キリスト教団出版局）、『イザヤ書は一冊の書物か？　イザヤ書の最終形態と黙示的テキスト』『自由と解放のメッセージ　出エジプト記とイザヤ書から』（以上、教文館）、『旧約聖書と現代』（NHK 出版）等。
訳書：H. ヴィルトベルガー『神の王的支配　イザヤ書 1 〜 39 章』（共訳、教文館）等。

イザヤ書を読もう　上　ここに私がおります

2024 年 9 月 25 日　初版発行

著　者　大　島　力
発　行　日本キリスト教団出版局
169-0051　東京都新宿区西早稲田 2 丁目 3 の 18
電話・営業 03（3204）0422、編集 03（3204）0424
https://bp-uccj.jp

印刷・製本　ディグ

ISBN 978-4-8184-1172-2　C0016　日キ販
Printed in Japan